Björn Ulbrich, Holger Gerwin

Die geweihten Nächte

Rituale der stillen Zeit
Ein Ratgeber zur Ausgestaltung von Weihnachten

Arun

Das Titelfoto zeigt ein Lichtmeßritual um den 2. Februar und wurde im Voralpenland aufgenommen. Hunderte von Kerzenresten des vergangenen Jahres bilden einen großen Kreis um eine alte Fichte herum. Zum Schutz vor der Witterung steht jede Kerze in einem Glas. Die verbrannten alten Kerzen symbolisieren das Ende der dunklen Zeit und damit die Wiederkehr des neuen Lichts.

Die Deutsche Bibliothek - CIP-Einheitsaufnahme

Die geweihten Nächte : Rituale der stillen Zeit / Björn Ulbrich ; Holger Gerwin. - Engerda : Arun, 1999
    (Edition Björn Ulbrich ; Bd. 1)
    ISBN 3-927940-52-6

Copyright © 1999 by Arun-Verlag für die deutsche Ausgabe.
3.Auflage (4. - 9. Tsd.)
Arun-Verlag, Ortsstr. 28, D-07407 Engerda,
Tel.: 036743-23311, Fax: 036743-23317,
e-mail: info@arun-verlag.de; Internet: www.arun-verlag.de
Titelbild: Heiko Folkerts jun.
Band 1 der Reihe Edition Björn Ulbrich.
Gesamtherstellung: WB-Druck, Rieden.

ISBN 3-927940-52-6

Inhalt

Der Jahreskreis

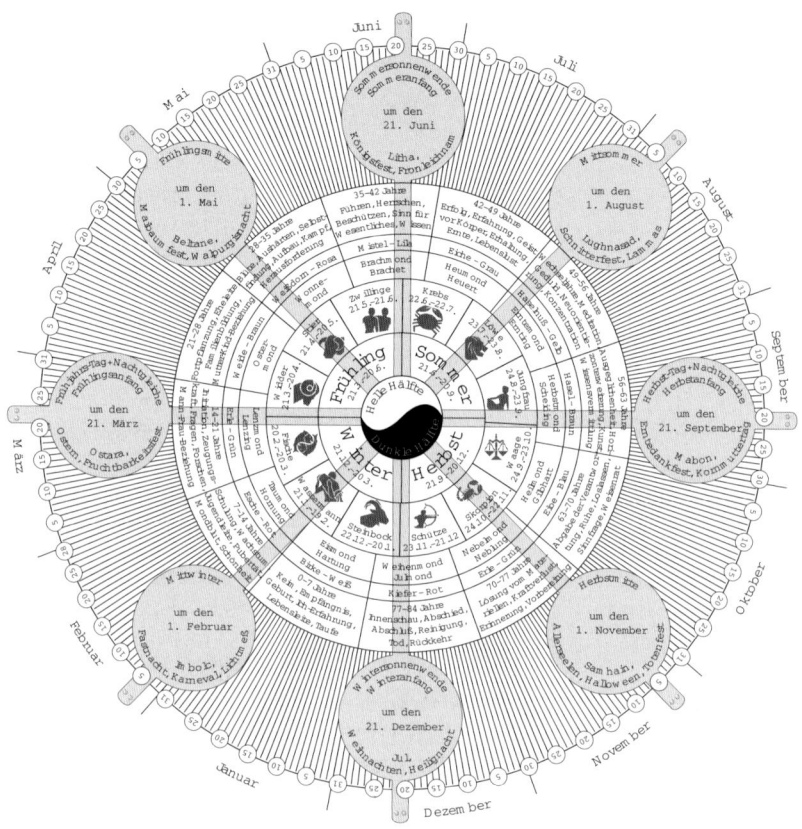

Vorwort

Jeder von uns feiert Weihnachten. Mit Baum und Schmuck und Kerzen, im Kreise der Familie. Weitere treue Begleiter in der dunklen Zeit sind der Nikolaus, Adventskränze und selbstgebackene Plätzchen. Aber wer weiß denn noch, warum wir das alles machen? Wer ist heute noch in der Lage, einem Kind die Bedeutung der einzelnen Weihnachtsbräuche zu erklären?

Niemand kann dem Vorweihnachts-Rummel entgehen. Bereits im Oktober werden wir mit den ersten Weihnachts-Auslagen in den Geschäften konfrontiert. Überall Leuchtsterne, Kränze und Lametta, Konsum und Kommerz. Geschenke müssen her, viel und teuer. Spätestens Ende November rieselt dann zwar selten "leise der Schnee", dafür aber sicher um so lauter die Weihnachtsmusik aus den Lautsprechern der Fußgängerzonen, wo auch die verkleideten Weihnachtsmänner und Nikoläuse unzählbar werden. Zeitungen, Radio- und Fernsehsender stimmen ein. Und kaum ein Nadelbaum in den Vorgärten, der keine Lichterkette trägt. Selbst aus den Fenstern der Wohnhäuser blinkt uns die frohe Botschaft entgegen... - ja, welche denn eigentlich?

Weihnachten wird oft auch zur Belastung für die Familie. Streß mit der Vorbereitung für die Eltern, zum Teil widerwillige Pflichterfüllung bei den Jugendlichen - manch einer bevorzugt es, sich dem Ganzen durch einen Skiurlaub zu entziehen. Nur die Kinder - scheint es - sind mit dem Fest so richtig glücklich.

Irgend etwas läuft da schief. Brauchen wir heute überhaupt noch Weihnachten? Sind die alten Feste geeignet, wichtige Fragen der heutigen Zeit zu beantworten? Oder geht es nur um's Feiern? Was können wir anders machen, damit Weihnachten wieder einen tiefen Sinn bekommt? Muß man dazu religiös sein? Ist Weihnachten ein christliches Fest? Kann man Weihnachten überhaupt *falsch* und *richtig* feiern? Wir wollen versuchen, der Bedeutung des weihnachtlichen Brauchtums, stellvertretend für die Feste und Rituale des ganzen Jahres, etwas näher zu kommen.

Dazu fangen wir - sicher ungewöhnlich - ganz von vorne an: Was bedeuten Feste und Zeremonien, was bedeutet Religion überhaupt für uns? Und warum sind wir so, wie wir sind? Eines soll gleich vorweggenommen werden: Das Weihnachtsfest ist keine neuzeitliche Erfindung. Es geht zurück auf die frühe Naturverehrung der alten Völker. Die Wiederkehr des Lichtes zum Jahreswechsel bot bereits lange vor dem Zeitenwechsel Anlaß zum Feiern und zur Ausformung sinngebender Rituale. Im Mittelpunkt standen und stehen der Lauf der Sonne und seine Auswirkung auf das irdische Jahresrad.

Auf den folgenden Seiten wollen wir daher zunächst der Herkunft des Menschen und seiner Prägung durch die ihn umgebenden Systeme - Erde, Sonne, Weltall - nachgehen. Auch wenn nicht jede Frage wissenschaftlich erschöpfend beantwortet werden kann - dies würde den Rahmen sprengen - wollen wir eine solide Basis schaffen für die nachfolgende Betrachtung: Motivation und Mythologie der Feste der dunklen Jahreszeit, vor allem des Weihnachtsfestes.

Im Hauptteil finden Sie alsdann eine ganze Palette weihnachtlichen Brauchtums, Bekanntes und Unbekanntes, ausführlich erläutert und illustriert. Viele praktische Gestaltungsvorschläge sollen Sie zum Mitmachen anregen, nicht ohne Ihnen auch das notwendige Hintergrundwissen - und einige "Schmankerl" darüber hinaus - zu liefern.

Zum Ende werden sich die Kreise schließen, und wir fragen erneut nach Sinn und Zweck nicht nur des Weihnachtsfestes, sondern von Brauchtum und Religion überhaupt, diesmal aber auf der Basis von fundierter Information und Logik. Wir werden zeigen: Weihnachten als Sinnbild natürlicher Religion lebt und kann auch erlebt werden, wenn Verstand und Gefühl dieselbe Sprache sprechen und wenn wir es schaffen, auf das Wesentliche zurückzukommen.

Eine "technische" Bemerkung am Rande: Jedes Buch ist ein Wagnis. Indem man selbst die Antworten auf eigene Fragen zu geben versucht, entzieht man sich dem Korrrektiv der Diskussion. Es fehlt für diesen Moment die Reibung, die Interaktion mit den Gedanken der anderen, die sich mit denselben Themen beschäftigen. Insofern kann und darf nicht jede Folgerung unwidersprochen bleiben. Vielmehr ist es unser Ziel, den Dialog offen und konstruktiv fortzuführen. Geschriebenes kann nicht relativiert oder zurückgenommen, aber korrigiert und ergänzt werden. Im Detail wollen und werden wir dies tun und bitten daher um Anregung. Es wäre schade, wenn berechtigte Kritik nicht den Weg zu uns findet. Genauso schade wäre es, bekämen wir keine Gelegenheit, unberechtigte Kritik zu entkräften. Ein Buch kann sich nicht "wehren" gegen die Rhetorik Dritter. Stellen Sie Ihre Fragen deshalb bitte direkt an uns.

Vorher aber wünschen wir Ihnen viel Freude bei der Lektüre.

Der Kosmos in Maßstäben

Das Weltall ist unvorstellbar groß. Wir "sehen" mit Hilfe der Technik Sterne in Millionen Lichtjahren Entfernung und blicken damit tief in die Vergangenheit des Alls. Unser nächster Nachbar, der Mond, ist ca. 380.000 Kilometer von der Erde entfernt - eine Distanz, die uns bereits vor unsere physischen Grenzen stellt. Fast 400 mal so weit ist es zur Sonne, 150 Millionen Kilometer. Ein Katzensprung gemessen an der Entfernung zum nächsten Stern, über 40 Billionen Kilometer oder 100 Millionen mal zum Mond. Das Licht von dort benötigt 4,3 Jahre, um zu uns vorzudringen.

Hunderte von Milliarden solcher Sterne bilden die Milchstraße, unsere Galaxis. Und doch sitzen diese Sterne dichtgedrängt beieinander im Vergleich zu der Strecke, die man bis zur nächsten Galaxie zurücklegen müßte: 24 Trillionen Kilometer –oder mehr als 62 Billionen mal die Fahrt zum Mond, um bei dem alten Vergleich zu bleiben. Wir sehen diese "benachbarte" Welteninsel - vielleicht Billionen von Himmelskörpern - nur als kleinen leuchtenden Nebel am Firmament, sein Licht stammt aus einer Zeit vor 2,5 Millionen Jahren. Ein außergewöhnliches Ereignis erlaubte uns zu Beginn des Jahres 1999 für wenige Minuten den bisher tiefsten Blick in die Weiten des Alls für das menschliche Auge: Aus einer Entfernung von 9 Milliarden Lichtjahren war die Kollision zweier Galaxien zu beobachten. Die gewaltige Explosion – vor 9 Milliarden Jahren - hatte die Leuchtkraft von über 20 Billiarden Sonnen.

Doch damit nicht genug der Zahlen: 50 Milliarden solcher Galaxien und mehr, darin eine unermeßliche Zahl von Sternen, eröffnet uns allein das altgediente Weltraumteleskop "Hubble". Diese Galaxien ziehen ihre Bahnen in Gruppen, bilden Klumpen, Nebel, Scheiben und Spiralen nach den Gesetzen noch größerer Formationen. Zwischen den Galaxienhaufen erstreckt sich der Raum leicht auf 1 Trilliarde - also Billionen mal Milliarden - Kilometer.

Wer möchte versuchen, sich diese ungeheuren Entfernungen in Millimetern statt in Kilometern vorzustellen! Oder in Mikro-Metern, also Millionenstel-Millimetern! Und sogar ein Millionenstel Kubik-Millimeter ist eine eigene Welt immenser Größe für die in ihm befindlichen Atome, die mit einem Durchmesser im Bereich der Milliardenstel-Millimeter ihrerseits noch längst nicht die kleinsten Bausteine des Universums sind. Selbst das Licht besteht aus Teilchen, hier verläßt uns unsere Vorstellungskraft. Offensichtlich gibt es im Kreislauf zwischen Energie und Materie jede beliebige Ausdehnung.

Das Weltall ist nicht leer. Es ist durchzogen von einem kalten, verdünnten und turbulenten Gas, hauptsächlich Wasserstoff, vermischt mit anderen Materieteilchen: Staub, mehr oder weniger großen Brocken, auch organischen Kohlenstoffteilchen. Reste vergangener Welten treiben scheinbar ziellos umher, bilden die Nahrung für Neues: Unter dem Einfluß der Kraftfelder angrenzender Systeme verdichten sich große Gasmengen und ihre feste Bestandteile zu neuen Sternen, genau wie Staubflocken im Wind. Unaufhörlich erblühen Sonnen. Sie entstehen notwendig, durch die Schwerkraft der Galaxien, deren riesige Kraftfelder benachbarte Materie in sich hineinziehen wie gigantische Staubsauger und in fortwährender Rotation verdichten zu schwerer Masse mit eigener Gravitation, die wiederum alles verändert. Alle Sterne am Himmel sind Sonnen, keine losgelöst von den anderen. Mit den Sonnen werden Planeten geboren. Je nach Masse der Sonne und der Art ihrer Bewegung entstehen stabile Zonen, in denen sich die Schwerkraft der neuen Sonne und die Fliehkräfte der umherstiebenden Teilchen ausgleichen. Wie von Zauberhand geführt, nehmen sie im Sog der Kräfte ihre stabile Kugelform an. Ein temporäres Gleichgewicht wird geschaffen, Sonnensysteme und Planetenbahnen mit scheinbar festem Rhythmus, allerdings nur bis zur nächsten Änderung der umgebenden Zustände - z.B. das Ende der Sonne nach Milliarden von Jahren oder der Einfluß der Gravitation anderer Sonnensysteme im Fluß der Galaxien. Das gewaltige Ausmaß dieser Prozesse erschwert die menschliche Wahrnehmung. Ordnung, Muster und Bewegung sind nur mit genügend Abstand erkennbar. Aus der Ferne scheint alles stillzustehen, und doch ist der Tanz der Elemente eine einzige Raserei. Selbst der Zeitbegriff ist relativ. Das Licht legt 10 Billionen Kilometer pro Jahr zurück, die Sonne rast mit mitsamt ihren Planeten mit 800 Tausend Stundenkilometern durch die Galaxis. Sie leuchtet seit 6 Milliarden Jahren. Unermeßlich lange aus unserer Sicht, und doch vielleicht nur ein winziger Ausschnitt des Geschehens? Ein kleiner Zacken der universalen Seins-Funktion?

Wahrscheinlich ist: Das Weltall ist ewig, aber nicht unendlich, denn das Beispiel von Strecken, Geraden und Flächen trügt. Nichts ist wirklich gerade, nicht einmal die Strahlung des Lichts. Auch sie unterliegt dem Einfluß wechselnder Kraftfelder, einmal abgesehen von der Bewegung der Lichtquellen zueinander. Wer auf der Erde eine Gerade malt, der malt in Wirklichkeit ein Stück eines Großkreises auf der Erdkugel. Dies gilt für die Ebene und auch für den Raum, ob auf der Erde oder im All. Nun führt jede irgendwie geartete Abweichung von der Geradlinigkeit - einschließlich der Spirale als eine in sich "lineare" Fortsetzung - zwangsläufig irgendwann in sich selber zurück und ist somit endlich, obgleich unbegrenzt.

über die zeit

was ist zeit?
wir wissen es nicht.
inmitten der ewigkeit
steh'n wir
im morgenlicht.

über die höhen
die winde wehen.
alles land
rührt an den himmelsrand.
alle winde kommen und gehen.

gehen her und hin.
atme sie ein!
tief in dir spürst du den sinn.
aller welten sinn
strömt in dich ein.

was ist zeit?
von je her war wind,
und der himmel ist immer weit.
mitten darinnen wir atmen und sind
in der ewigkeit.

[alberta rommels]

Kann man den Kosmos erklären?

Woher kommen die Unmengen an Materie, woher die ungeheure Energie? Wie alles in der Natur ist das ein Kreislauf: Materie zerstrahlt und kristallisiert wieder zu Materie. Das ist der ganze Vorgang. Die Partikel des kosmischen Staubs sind Überreste vergangener Welten. Die Masse kondensiert zum Stern. Die Sterne durchlaufen ihren Milliarden Jahre währenden Lebenszyklus und vergehen schließlich, geben Energie und Materie ab an größere Ströme, die irgendwo und irgendwann zu neuen Gebilden führen. Nichts kommt hinzu, nichts geht verloren, nur ewige Transformation. Wäre es möglich, Etwas aus Nichts zu schaffen, so würden wir dies erkennen. Gäbe es ein Ziel, so wäre dieses schon vor Ewigkeiten erreicht. Der Weg ist das Ziel, alles fließt.

Augenfällig ist: Im Großen wiederholt sich das Kleine! So wie der Atomkern Neutronen und Protonen einfängt und die Atome selbst sich gegenseitig ihre Wechselwirkung aufzwingen bis hin zur komplexen Struktur, so ziehen die Sonnen Planeten in ihren Bann, Galaxien die Sonnen und wieder größere Galaxien die Galaxien. Jedes Objekt ist nur ein weiteres Mosaiksteinchen im nächstgrößeren Puzzle. Das Spiel der Elemente, die sich in Bruchteilen von Sekunden billiardenfach neu kombinieren, bleibt das gleiche - unabhängig davon, ob es Teil eines Wassertropfens ist oder einer kollabierenden Galaxie. Der Kosmos als Ganzer spiegelt sich in seinen Teilen, denn in jedem Teilchen wirkt das Gesetz des ewigen Wandels. Auch die größte Struktur wird einmal wieder aufgebrochen zum Einfachen hin, gibt Ihre Bestandteile frei für die nächste Entwicklungsspirale. Der Kosmos kann nur das produzieren, was er selber ist. Deshalb können wir im Mikrokosmos den Makrokosmos schauen und umgekehrt. Überall ist ein ständiges Kommen und Gehen, ein ständiger Auf- und Abbau. Ob groß oder klein, es herrscht die Dialektik von Konstruktion und Zerfall als treibende Kraft für stetige Veränderung, zyklisch, verzahnt und verschachtelt, spiralförmig, evolutiv und zufällig, aufschaukelnd zu höchster Komplexität und doch immer wieder einmündend in den großen Niedergang bis zum Wiedererstehen zu anderer Zeit, an anderem Ort und in anderer Form: der Kreislauf des Lebens in seiner weitesten Definition - immer und immer wieder.

Kraft unseres Verstandes und unserer technischen Möglichkeiten durchschauen wir viele Details dieses grandiosen Schauspiels. Je tiefer man in die Naturwissenschaft einsteigt, desto größer wird die Faszination für deren Schönheit und Perfektion. Naturwissenschaft bedeutet mehr als nackte Zahlen, dieses Wissen hilft uns, das ewige Prinzip der Natur zu erkennen als das allein bestimmende.

Selbstverständlich stoßen wir im Detail an Grenzen. Vieles bleibt hypothetisch - vielleicht richtig, vielleicht falsch. Wichtig für unsere (Selbst-) Erkenntnis ist das große Ganze, das wiederkehrende Prinzip. Das Gesetz des Kreislaufs und damit der Ewigkeit zieht sich wie ein roter Faden durch die Natur. Für die philosophische Betrachtung ist es nebensächlich, ob es den Urknall gibt, Superstrings und Schwarze Löcher oder was auch immer, denn sicher mündet all dies ebenso wieder in einen größeren Zyklus. Warum sollten zufällig genau an dem Punkt, an dem wir hier und heute nicht mehr weiter wissen, die absoluten Grenzen der Schöpfung liegen? Vor nicht allzu langer Zeit hielt man noch die Erde für den Mittelpunkt der Welt ...

Wahrscheinlich ist, daß jedes Muster, jede Entwicklung, einmal endet und zu ihrem Ursprung zurückgeführt wird, um irgendwann und irgendwo einen neuen Anlauf zu versuchen - niemals identisch, sondern in ewig neuer Form, so wie kein Staubkorn dem anderen wirklich gleicht. Warum also nicht viele "Urknalle", ein ständiges Auf- und Untergehen immer neuer Universen? Oder gar kein Urknall? – Beweise gibt es nicht. Wahrscheinlich wird uns die Wissenschaft schon bald neue, atemberaubende Erkenntnisse liefern. Das Bild der Wiedergeburt allein fügt sich nahtlos in jede neue Einsicht.

es gibt nur eine wirklichkeit, die all-natur.

sie allein ist umfassend, allmächtig, allgegenwärtig, unendlich.

ihr wesen besteht im ewigen werden und vergehen.

das all atmet, sein atem währt äonen.

was bedeutet da der mensch, die erde, die sonne?

unser teilhaben am ganzen gibt uns würde und sinn.

es macht uns kleinheit und vergänglichkeit erträglich.

wir danken für das privileg, diesen gedanken zu fassen.

wir erleben gott, die all-natur, im licht unserer sonne.

so wollen wir spiegel der sonne sein in all unserem wirken.

(nach dieter vollmer)

Die Sonne: Ursprung des Lebens

Unsere Sonne ist ein Stern wie viele Milliarden andere, ein winziges Staubkorn im Spiel der Galaxien. Und doch ist sie alles für uns, denn ohne sie gäbe es nichts: kein Licht, keine Wärme, kein Leben, kein Denken. Die Sonne ist unser Horizont. Der Werdegang der Sonne ist der Teil von Raum und Zeit, mit dem wir schicksalhaft verbunden sind, auf Gedeih und Verderb. Die Geschichte der Entstehung dieses einen Sonnensystems mit seinen Planeten bis zu seinem Untergang ist unsere Geschichte. Dies sollten wir bedenken, wenn wir uns an die Definition des Lebens wagen.

In der Biologie ist es vertretbar, die Materie der Welt in lebend und tot einzuteilen. Für das tiefere Verständnis unseres Seins erweitern wir die Deutung des Lebens auf alle Entwicklungsprozesse im Sonnenzyklus, denn kosmisch gesehen gibt es keine tote Substanz. Lateinisch "totus" heißt "das Ganze", also alles, die universale Natur - wer möchte, kann es auch "Gott" nennen. Vier Stufen des Wachstums führen aus der Sonne zur Entwicklung des Lebens, wie wir es erfahren: das physikalische, das chemische, das biologische und das geistige Wachstum.

Das Physikalische Wachstum

Sonnen sind Gasbälle, sie bestehen zu ca. 75 Prozent aus einem Element, das wir Wasserstoff nennen. Im Zentrum der Sonne herrschen ca. 15 Millionen Grad Hitze und ein extrem hoher Druck. Hier kommt es zur ersten Bausteinverschmelzung von je zwei Wasserstoffatomen zu einem Heliumatom. Dabei wird ein Materierest in Strahlungsenergie zurückverwandelt und bildet die Hauptenergiequelle für das Licht der Sonne. Auch die Entstehung der übrigen Elemente hat ihren Ursprung in den Sonnen. Fusionsreaktionen kollabierender Sterne - Supernovae - reichern das interstellare Gas, aus dem auch die Erde einst entstand, zusätzlich mit höherwertigen Elementen an wie Kohlenstoff, Stickstoff, Sauerstoff, Magnesium, Schwefel, Natrium und anderen. Alle Elemente haben ihren Ursprung im Wasserstoff. Das einfachste Element entwickelt alle anderen, wir nennen dies das physikalische Wachstum. Auch hier sehen wir Kreisläufe, denn kein Baustein besteht ewig.

Das Chemische Wachstum

Im Inneren der Sonne werden nicht nur die Elemente gewandelt, hier ändert auch die Energie ihre Wirkungsweise: die nach innen gerichtete Schwerkraft erzeugt nun den nach außen wirkenden Gas- und Strahlungsdruck, der schließlich zum Sonnenwind wird. Der Sonnenwind bläst die entstandenen Elemente in den planetaren Raum - wie bei allen anderen Sternen auch. Lateinisch "sternere" bedeutet "streuen", die Sonne streut ihre Substanz aus wie ein gigantisches Feuerrad. Außerhalb der Sonne verbinden sich diese Teilchen zu höheren Verbindungen. Wir sehen das chemische Wachstum.

In jeder Sekunde verliert die Sonne viele Megatonnen ihres Gewichts, ein großer Teil wird im Inneren zerstrahlt. Aber diese Verluste werden annähernd ausgeglichen: durch ihre Masse saugt die Sonne Gas und Staub aus dem Weltall an. Der Sonnenwind kommt irgendwann zum Stillstand und fällt zum großen Teil in die Sonne zurück. Ein Teil des Sonnenwindes aber landet auf den Planeten. Auch unsere Erde bekommt täglich neue Substanz von der Sonne, man schätzt 6.000 Tonnen Tag für Tag, seit Jahrmilliarden. Aus der Sonne wachsen die Planeten und Monde, auf Ihnen setzt sich das chemische Wachstum fort zu einer Vielzahl von Substanzen, den Elementen im engeren Sinne des Periodensystems und ihren Verbindungen.

Das Biologische Wachstum

Der Grundstoff des organischen Lebens ist der Kohlenstoff. Seine Atome können sich verbinden, indem sie sich Elektronen teilen. So entstehen wasserlösliche Moleküle, die vor allem für die Photosynthese von zentraler Bedeutung sind. Der Kohlenstoff ist auch imstande, sich zu langen Ketten zusammenzufinden, zu Aminosäuren und Proteinen, die das Rückgrat der Pflanzenzellen und auch des menschlichen Zuckerstoffwechsels bilden. Auf der Erde geschah dies zum ersten Mal vor fast 4 Milliarden Jahren. Im Experiment kann nachgewiesen werden, daß bereits die Ur-Atmosphäre aus Ammoniak, Wasserstoff und Methan unter der Stimulanz elektrischer Blitze zur Bildung von Eiweiß-Molekülen geeignet ist. In dieser Ursuppe entstanden erste primitive Einzeller. Nicht auszuschließen, daß auch mit dem Kometenstaub aus dem All - Reste vergangener Welten - organische Substanzen die Erde erreichten, oder aber mit dem Einschlag ganzer Kometen in der Frühzeit der Erde.

In der Folge bildeten sich DNS-Moleküle, Einzeller, Mehrzeller und schließlich kompelxe Lebensformen bis hin zu den Säugetieren. Die Evolution, das weitreichende biologische Wachstum der Arten war nur möglich unter der Geborgenheit der Sauerstoff-Atmosphäre, welche die Erde vor der kurzwelligen Weltraumstrahlung schützt. Der Sauerstoff ist das Abfallprodukt der Photosynthese der Grünpflanzen. Sie wandeln unter Aufnahme von Kohlendioxyd das Licht der Sonne zu Kohlehydraten, zu organischem Leben. Jederzeit entsteht neues Leben aus dem Licht der Sonne. Die Sonne erzeugt so viel organische Substanz auf der Erde, daß man damit täglich einen Güterzug bis zum Mond füllen könnte, ca. 100 Milliarden Tonnen Kohlenstoff pro Jahr.

Die Pflanzen erscheinen grün, weil sie den roten Teil des Sonnenlichtes absorbieren, den komplementären grünen Teil aber reflektieren. Das Grün der Natur bedeutet, daß die Rotlichtstrahlung der Sonne eingebaut ist in die Zellstruktur

16

der Pflanzen. Wenn der Mensch die Pflanzen direkt oder indirekt als Nahrung nutzt, nimmt er so das Sonnenlicht in sich auf. Über die Verdauung wird diese Energie im Körper freigesetzt, was z.B. durch die Körperwärme zum Ausdruck kommt. Unsere Lebensenergie ist gewandelte Sonnenenergie. Pflanzen sind gewachsene, kristallisierte Sonnenstrahlung. Aus Licht wird Leben. Alles kommt aus der Sonne.

Das Geistige Wachstum

Die Sonne kann nicht denken. Ihre Substanz war lange Zeit ohne Gefühl und ohne Bewußtsein. Aber der brennende Gasball entwickelte seine Struktur bis hin zu diesen Fähigkeiten, bis hin zu Leben, Fühlen und Erkennen. Dies war ein entscheidender Punkt in der Entwicklungsgeschichte, denn jetzt konnte die Substanz der Sonne sich erinnern, sich selber erfahren, denkend die Welt erleben. Teilhard de Chardin formulierte es so: Der Mensch ist denkender Stoff der Sonne. Wir Menschen sind selber Sonne, jeder ein kleiner Teil, denn wir sind aus ihr gewachsen. Die erkennende Menschheit ist gleichermaßen das Bewußtsein der Sonne, sie wird sich im denkenden Mensch ihrer selbst bewußt. Gemeinsam mit vielen Wissenschaftlern wie z.B. dem Physiker Fritjof Capra gelangen wir zu der Erkenntnis, daß alle Materie Energie und alle Energie letztlich die Manifestation eines Universums mit Bewußtsein ist. Die kulturellen Leistungen der Menschen sind das geistige Wachstum der Sonne, Teil dieser Schöpfung. Auch die Vollendung des Wachstums? Die Grenzen der Möglichkeiten sind uns nicht bekannt, weder unser persönlicher Zenit, noch jener der Menschheit überhaupt. Wir wissen auch nicht, ob wir ihn jemals erreichen oder ob wir nur einer von vielen Versuchen sind, eine Sackgasse der Entwicklung vielleicht, ein weiterer Anlauf der Weltnatur in ihrer niemals geradlinigen Evolution zum Höchsten, auf das sie zielt, immer wieder. Unser Ausgang aber ist uns bekannt: So wie der Baum über Jahrhunderte zur komplexen Schönheit wächst, nur um irgendwann wieder zu Staub, zur Nahrung für Neues zu werden, so werden wir, Ausdruck der Schöpfungskraft einer Sonne und damit aller Sonnen, mitsamt dieser einst wieder dem Großen Ganzen zugeführt - aufgelöst im Allerkleinsten. Ohne den Tod des Einzelnen können sich die Arten nicht weiterentwickeln, sie würden auf der Stelle treten. Stillstand aber gibt es in der Natur nicht, sondern nur ständigen Auf- und Abbau. Der Tod ist nicht "Strafe" oder "Erlösung aus dem Jammertal", sondern Voraussetzung für künftiges Gedeihen. Auch die Sonne wird zerfallen, sich nochmals aufblähen und schließlich die umgebenden Planeten mit in den Sternentod reißen. Ihre Reste werden von anderen Kraftfeldern innerhalb der Milchstraße aufgenommen und wieder verwertet, bis auch diese Opfer der Umformung wird. Uns bleibt die Gewißheit, daß alle Substanz, Energie und Materie ewig neue Bestimmung erhalten.

Doch vor dem Zerfall stehen noch Äonen des Aufbaus. Die Sonne macht über 99 Prozent der gesamten Masse im Sonnensystem aus, Brennstoff für weitere Milliarden Jahre. Solange leben wir in der Sonne. Was wir von ihr sehen, ist nur ihr brennendes Zentrum, der kleinste Teil ihres Volumens. Der Stoff und die Energie der Sonne reichen vieltausendmal weiter als die Planeten. Die Planeten sind gleichsam nur eine dünne Schicht im Stern Sonne. Wir befinden uns also buchstäblich mitten in der Sonne. Der Organismus "Sonne" füllt den Raum des gesamten Sonnensystems und wirkt noch darüber hinaus. Die Erde ist ein kleinerer Organismus in ihm, wie ein eigenständiges Organ. Die Menschen, Tiere und Pflanzen leben, und deshalb lebt auch die Erde, denn es kann keinen lebendigen Organismus innerhalb eines toten geben. Als Beleg für das lebendige Gesamtsystem "Erde" mögen ihre Fähigkeit zur Klimaregulierung oder das Gleichgewicht aus Energieaufnahme und -abgabe ihrer Bewohner im weitesten Sinne dienen. Augenfällig ist auch der Selbstreinigungsprozeß der Erde: Alle Teilchen aus der Luft und am Boden fließen irgendwann mit dem Regen und den Flüssen hinab in die Meere. Dort schichten sie sich nach ihrer Beschaffenheit und ihrem Gewicht und strömen langsam den tiefsten Stellen der Ozeane zu. Wer aber erwartet, dort den gesamten Müll der Erde zu finden, irrt: schneeweißer sauberer Sand erwartet den Betrachter. Tatsächlich gelangt das angeschwemmte Material in die Tiefseegräben hinunter bis in das heiße Erdinnere, wird dort geschmolzen, gewandelt und kommt völlig neu aus den Vulkanen wieder zum Vorschein - Asche für neues Leben und neues Wachstum.

das neue nährt sich
von der asche des
alten, bis es selbst
wieder nahrung für
neues wird.

die midgard-schlange

(Abb. aus Voenix: Weltenesche - Eschenwelten.
Das Germanische Götterorakel und Nachschlagewerk)

Die Sonne: Takt- und Sinngeber irdischer Feste

Die Religionen der Vorzeit beruhten auf ehrfurchtsvoller Beobachtung der großen Ordnung am Himmel. Großartige Zeugnisse astraler Kultur finden wir vor allem in dem breiten Kulturkreis rings um den Nordpol, Europa, Nord- und Ostasien und Nordamerika umfassend und weit in den Orient bis in die Südsee in immer neuen Wanderungswellen ausstrahlend. Bereits in der Steinzeit wußten sich unsere Ahnen als Mitglied der großen "kosmischen Familie", sie verstanden sich als Kinder von Sonne und Erde - mit der dem Menschen eigenen aufrechten Körperachse als Verbindung zwischen beidem. Man feierte das Leben im Einklang mit "Mutter Erde" und "Vater Sonne". Der Liebestanz der "Eltern", bei dem sich die Erde um ihren Gatten Sonne dreht, verschafft den beiden alle eineinhalb Monate - acht mal im Jahr - eine besondere Begegnung: die beiden großen Sonnenwenden, die Tag- und Nacht-Gleichen in Herbst und Frühjahr und die vier Fixpunkte dazwischen. Sie bilden Gezeitenströme des Jahres.

Jedes Jahr droht die Sonne gegen Ende des Jahres für immer zu verschwinden, bevor sie dann mit der Wintersonnenwende wieder an Kraft gewinnt. In der Tag- und Nachtgleiche im Frühjahr erkämpft sich das Licht die Oberhand vor der Dunkelheit, eilt hinauf zur Sommersonnenwende, steht für einen Tag lang triumphierend in der Höhe und senkt sich dann wieder über die Herbst-Tag- und Nachtgleiche zum Sterben in die Todesnacht des Winters. Auch die irdische Natur folgt diesem Rhythmus. Nach der (Wieder-)Geburt des Lichtes beginnt die Erde bereits im Winter, neues Leben hervorzubringen. Mit dem Frühjahr endet der Todesschlaf, alles wächst und blüht und reift über den Sommer zu voller Pracht. Mit der Ernte im Herbst gelangt der neue Samen in den Boden, gut geschützt vor dem folgenden Winter. All dies geschieht im Takt der Sonne. Ihr Lauf am Himmel war primär den alten Völkern des zirkumpolaren Kulturraumes ein tiefsinniges Symbol des eigenen Lebens,

sonnenpyramide

denn auch Mensch und Tier vollziehen diesen Zyklus von Geburt, Jugend, Reife und Tod. Der Tod wiederum ist verknüpft mit dem Leben, überwunden vom Siege der Wiedergeburt.

Seit es Menschen gibt, wurde die Sonne als Lebensspenderin verehrt, als das Göttliche, frei von personifizierter Vorstellung. Alle Kulturen, alle Völker der Erde gründen auf dem Sonnenkult, gleichsam Ur-Kultur und Ur-Religion. Unsere Vorfahren wußten sicher viel weniger von der Welt, aber sie hatten - gerade wegen der fehlenden Aufteilung in Disziplinen und Fakultäten - noch eine Gesamtschau der Dinge. Sie beobachteten den Himmel und erkannten die natürliche Ordnung, griechisch "kosmos". Bodenständige Volksstämme, Bauern und Gärtner, sind die Gründer der ältesten Wissenschaft, der Himmelskunde. Mit dem berühmten Steinkreis von Stonehenge in Südengland z.B. haben wir eine ca. 5000 Jahre alte Sternwarte vor uns, ein Höhepunkt der uralten Kultur Europas, deren Tiefe wir nur ahnen können. In fast allen europäischen Ländern und darüber hinaus finden wir hunderte weitere Monumente alten Wissens. Die religiöse Verehrung der Sonne und deren Erforschung waren eine Einheit, Religion und Wissenschaft kein Widerspruch. Tempel - von lat. tempus - waren ursprünglich Orte der astronomischen Beobachtung und der Zeitmessung. Aus der Sonnen- und Mondbeobachtung heraus ergaben sich die Monate und die Wochen (engl. week: auch "Wechsel", nämlich Wechsel des Mondbildes) mit Tag und Nacht als natürlicher Unterteilung.

Forschung und "Gottesdienst" waren ein- und dasselbe, denn mit dem Ergründen immer weiterer Zusammenhänge stieg die Ehrfurcht vor der göttlich wirkenden Natur. Keine kausale Einsicht "entgötterte" den Kosmos, sondern mit dem Erkennen und Erleben stieg das Verehren. Man feierte das lebensspendende Gestirn und seinen dramatischen Gang durch das Jahr in Kultspielen, Ritualen und Prozessionen. Aus den "festen" Tagen des Jahres wurden die Feste der Menschen. Diese Sonnenfeste bilden die Speichen des Jahresrades (s.S.6), Symbol für Kreislauf und Unendlichkeit. In der Geburt

teotihuacan, mexiko

und Auferstehung der Sonne sah man auch die Wiedergeburt des Menschen, des Gottessohnes, So(h)n der Sonne. Rad, Kreuz und Triskell in allen Variationen sind uralte Sonnenzeichen. Weihnachten, Ostern, Pfingsten, Erntedank und alle anderen sind frühe Sonnenfeste. Sie entstammen unmittelbar dem Erde-Sonnen-Zyklus. Viele Bedeutungen sind - je nach Religion - dazu gekommen, überlagern teilweise den Ursprung: das Sonnenjahr und die natürliche Einteilung in Jahreszeiten und -übergänge.

der mensch hat das denken nicht erfunden,
so wie das auge nicht das sehen.
wie das auge die sonne abbildet,
zeigt unser verstand die wirklichkeit.
nichts ist darüber, nichts darunter,
nichts davor und nichts danach.
wir schauen alles, weil wir teil von allem sind.
der mensch ist das ebenbild gottes, der natur.
sie beantwortet alle fragen allein durch ihre existenz.

(nach k.h. baumgartl)

tempel der pallas athene
priene, türkei

22

Sonne und Natur - Erleben und Bekennen

Die Sonne ist Grundlage aller Religionen, auch wenn dies heute nicht mehr offensichtlich ist. Die geniale Schlichtheit der Natur fasziniert momentan die Menschen weniger als überirdische Phantasien. Oft ist der Wunsch Vater der Gedanken: Man "glaubt" lieber das Unvorstellbare, anstatt das Naheliegende zu akzeptieren. Die umfassende Bedeutung von Natur und Sonne für den Menschen wird selten erkannt. Und doch sind wir untrennbar verwurzelt, quer durch alle Schichten, gleich welcher "Konfession" man glaubt verpflichtet zu sein:

Wer kennt nicht die Liebe zur Sonne! Das wohlige Kribbeln, das uns in den ersten warmen Frühlingstagen durchströmt, wenn alles unter der Sonne wieder zu neuem Leben erwacht! Die Sehnsucht, ihr die nackte Haut preiszugeben, die Augen zu schließen und alles andere für den Moment unwichtig werden zu lassen! Jede Körperzelle reagiert, ein heiliges Gefühl voller Schönheit, Ruhe, Kraft und Ehrfurcht. Wir scheinen unseren Ursprung zu spüren, gleichsam auf atomarer Ebene. Kein Wort, kein Gedanke muß dies erklären - wir sind Teil der Sonne. Die Menschen erfühlen das Göttliche in der Sonne, ohne sich dessen wirklich bewußt zu werden, sind dabei der Wahrheit näher als bei der Ausübung metaphysischer Religion.

In der Sonne und der unter ihr wirkenden Natur offenbart sich das Göttliche. Alles, was ist, trägt den göttlichen Funken in sich. Tiere und Pflanzen folgen dem Plan des Lebens, ohne ihn zu reflektieren. Der Mensch hat eine Sonderstellung inne: Wir schauen uns selbst, unsere Vergangenheit und können unsere Zukunft planen. Dies beinhaltet eine große Verantwortung. Wer sich gegen die natürliche Wirklichkeit sträubt und den Sinn außerhalb sucht, der verliert den Einklang mit der Natur. Der Glaube an das Jenseits schwächt die Kraft im Diesseits. Der höchste Sinn des Daseins besteht in der Ausformung der eigenen Möglichkeiten und der reinen Weitergabe des Lebens als Bindeglied der Generationen. In jedem von uns sind die Anlagen der Ahnen verkörpert. Der Mensch ist unsterblich in den Nachkommen und Verwandten, die sein Erbe teilen.

GEBET:
GIB, HOHE SONNE, DASS ICH TAG FÜR TAG
IM STEIGEN MICH, WIE DU, ERNEUERN MAG,
DASS ICH, AUS DIR GEFLOSSEN REIN UND FREI,
EIN FEUER WIRKEND, SELBER SONNE SEI!
(ISOLDE KURZ)

"Sieh' Dich wie Du bist - ein kleines Rädchen im Kosmos,
ein Atom in einem gewaltigen und ewigen Naturschauspiel,
und doch einzigartig. Besinne Dich darauf, Teil eines göttlichen
Ganzen zu sein und schöpfe daraus Kraft. Erlebe die Einheit von
Körper, Geist und kosmischer Natur und verlasse Dich nicht auf
ein "Jenseits". Öffne Deine Augen für das Naheliegende und
hüte Deinen Verstand vor Wahn und Wunsch.
Nutze Deine Zeit im Hier und Jetzt und
verewige Dich in Deinen Nachkommen!"

JEDER SCHRITT
AUF DEM KREISPFAD DES LEBENS
IST ANFANG UND ENDE,
AUFBRUCH UND ZIEL,
ABSCHIED UND NEUBEGINN ZUGLEICH.

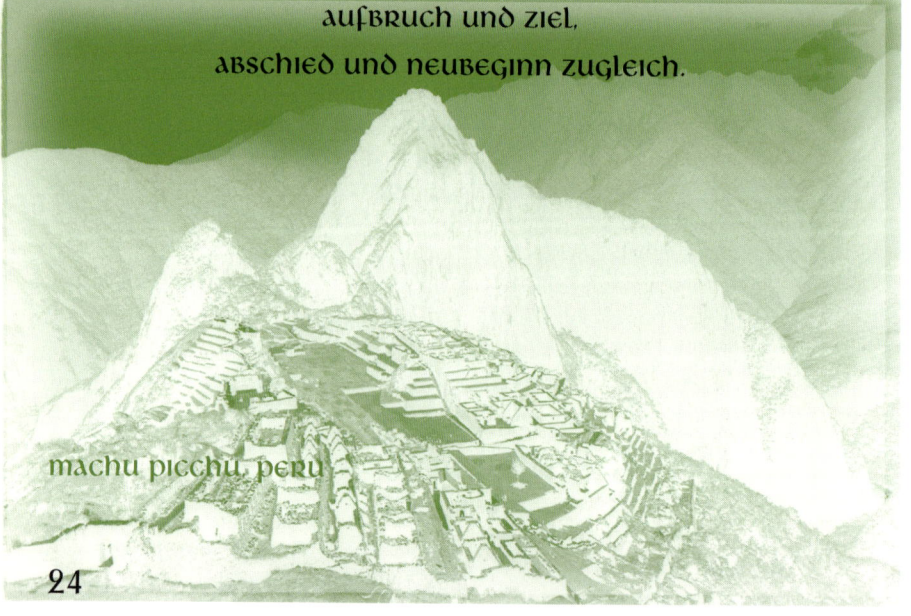

MACHU PICCHU, PERU

... Die fromme Ordnung des Sonnenjahres kann niemand ändern. Für viele alte Völker trug die Welt ihr Recht in sich: das Recht des Lebens und des Kreislaufs, rechts, wie der Sonnenlauf geht. Man konnte kein Recht machen, sondern es nur erkennnen und weitergeben. Der König der alten Zeit war zuerst wissender Richter. Er fand das Sonnenrecht auf Erden, sein Reich war "Abbild der Sonnenordnung". Die Aufgabe des Königs war, dieser Ordnung zu folgen und Abweichungen zu korrigieren - also solche Dinge, die "unrichtig" geworden waren, wieder zu "richten". So gehören in unserer herrlich tiefsinnigen deutschen Sprache Recht, Richter und Reich zusammen; es ist die gleiche Wurzel, wie im lateinischen "rex" (König) und "regnum" (Reich), "regere" (leiten, regieren).

"Recht" und "rechts" sind sprachverwandt mit gerecht und rechtens, rechtzeitig, rechtmäßig und Rechteck, ebenso wie right, droit (beides: Recht, geradeaus), dexter, derecho usw. Und es ist kein Zufall, daß die Bewegungen gegen die Ordnung "links" genannt werden, wie link (täuschend), linkisch (ungeschickt), "ablinken" usw. sinister, sinistro usw. steht entsprechend auch für unheimlich, unheilvoll...

Sonnenrecht

sonnentempel von stonehenge, wiltshire, england

Tempel der Sonnenordnung

Die Dunkle Zeit

Die Monate November, Dezember und Januar sind die dunkelsten des Jahres. Diese Zeit steht unter dem Motto des Zurückziehens und Verinnerlichens der Erlebnisse des vorangegangenen Sommers. Die Nächte dauern jetzt fast sechzehn Stunden. Draußen regieren Finsternis und Kälte anstatt des Lichtes, alles erstarrt bewegungslos. Die Erde verweilt in ihrer längsten Nacht und sammelt Kräfte und Säfte für den nächsten Kreislauf. Vieles stirbt ringsum, Grabesstille umfängt auch die Lebenden. Wir erleben unmittelbar das abbauende Prinzip, das dem Wiederaufbau vorausgeht. Nicht umsonst ist diese Zeit der Totenwelt gewidmet, denn auf der Erde ist es fast wie unter der Erde: kalt und düster, aber auch auf geheimnisvolle Weise geborgen und behütet. Es regiert die Dunkle Alte, die Weise Frau, Hel, Holla, Percht, die Totengöttin.

Die meisten Aktivitäten der Menschen während der dunklen Zeit finden in geschlossenen Räumen statt. Der Winter mit seinem "Einwärts" bindet die Menschen mehr an Haus und Heim, und damit aneinander, soweit es Familien oder größere Lebensgemeinschaften betrifft. Ein schönes Sinnbild für die dunkle Zeit sind lange gemeinsame Winterabende vor einem prasselnden Kaminfeuer. Vor allem die Landarbeit ruht, die Schätze des Sommers sind geerntet, die neue Saat ist noch weit entfernt. Auch die Gedanken richten sich nach innen - jetzt ist die Zeit, den Schattengeistern und Todesdämonen zu begegnen, den eigenen Ängsten und Aggressionen. Vieles in unserem Inneren muß sterben, um Platz für Neues zu schaffen. Für uns sind die langen Nächte vor dem Weihnachtsabend die Zeit der Einkehr, die Zeit der Pläne.

Von jeher begehen die Menschen die dunkle Zeit mit großer Kreativität und viel Phantasie. Die Rituale widmen sich den Toten, der Sonne, der Wiederkehr des Lichtes und des Lebens. Auch wenn heute der persönliche Bezug zu den Feiertagen oft verloren ist, so haben sich die meisten der winterlichen Rituale doch erhalten. Das Allerseelen- bzw. Winternachtsfest (*Halloween*) Anfang November symbolisiert den Beginn der dunklen Zeit. Masken und Fratzen verdeutlichen die Öffnung zur Innenwelt. Wir beschäftigen uns symbolisch mit den Schattenseiten des eigenen Ichs, wachsen an dieser Begegnung. Um den 11. November feiern wir den Martinstag mit Laternenumzügen, mit verhülltem (Sonnen-)Feuer, klein geworden seit dem Sommer. An Weihnachten kommt die Wende, die Lichtgeburt. Mit dem Weihnachtsfest wandelt sich der Charakter der dunklen Zeit. Die Furcht (vor ewiger Nacht) weicht der Hoffnung angesichts der jungen Sonne. Der Nachdenklichkeit und Versunkenheit folgt rege Betriebsamkeit, das bunte Leben mischt die Stille auf. Häufig wird es laut und schrill, wir suchen die Feste und Feiern und erhellen die langen Nächte. Selbst die Toten erheben sich in der germanischen Mythologie und beginnen ihre wilde Jagd, angeführt vom Göttervater Odin/Wodan, dem Gott des Krieges und des Sturmes. Nach dieser unruhigen Zeit folgt der Jahreswechsel, alte Ordnung kehrt ein. Nicht mehr zu leugnen ist die neue Sonne dann am 2. Februar, dem Lichtmeß-Tag, der die dunkle Zeit endgültig beendet. Mit der Sonne erneuert sich einmal mehr die gesamte Schöpfung.

> gott schläft im stein,
> atmet in der pflanze,
> träumt im tier und
> denkt im menschen.

Odins Wilde Jagd

König der Asen und Fürst aller Welten ist Wodan oder Odin, Allvater und Gott des Schlachtfeldes. Doch nicht immer erscheint Odin in glänzender Rüstung. Oft zeigt er sich auch bei den Menschen als wandernder Greis mit langem weißen Barte, eingehüllt in einen fleckigen Mantel, das würdige Haupt von einem breitkrempigen Hut verdeckt – oft Helfer in der Not. Odin besitzt

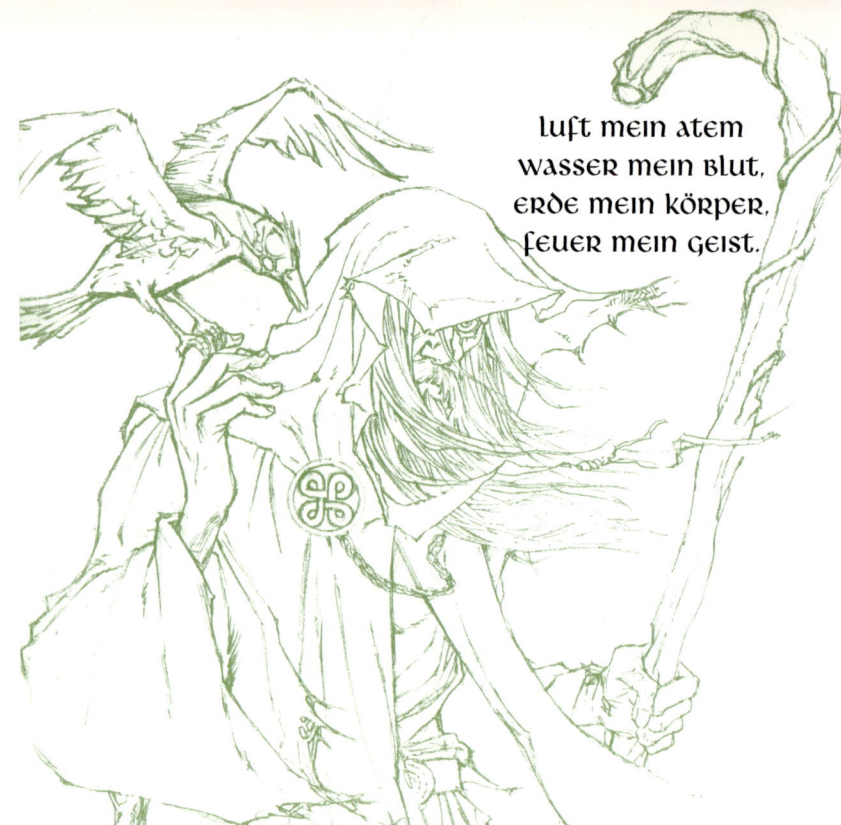

luft mein atem
wasser mein blut,
erde mein körper,
feuer mein geist.

nur ein Auge, das andere mußte er in grauer Vorzeit zum Pfande geben, als er von dem klugen Riesen Mimir die Erlaubnis erhielt, aus dem Brunnen der Weisheit zu trinken.

In den Rauhnächten während der Zwölften aber braust Odin über die Erde - mit seinem Totenheer im Gefolge, den im Kriege gefallenen Helden. Odin selbst reitet auf seinem weißen, achtfüßigen Schlachtroß Sleipnir (=> Schimmelreiter) durch die Lüfte, zwei nachtschwarze Raben auf der Schulter, Hugin und Munin (Gedanke und Erinnerung). Ein strahlender Goldharnisch schmückt seine Brust, und ein kostbares, immer siegendes Schwert hängt an seiner Seite. Auf dem Kopf trägt Odin einen glänzenden Goldhelm mit vorwärts-gestreckten Adlerschwingen. In der Hand führt er den herrlichen Speer, der nie das Ziel verfehlt – wohin er diese Waffe auch wirft, sie kehrt stets zu seinem starken Arm zurück. Zu Odins Füßen laufen zwei blitzäugige Wölfe, Geri (der Gierige) und Freki (der Gefräßige). In seinem Gefolge stürmen auf ihren feurigen Hengsten allerlei wilde Reiter und Knappen mit glühenden Panzern und flammenden Schwertern. Bevor Odin mit der wilden Schar auszieht, läßt er bisweilen auf Erden bei einem Schmied sein weißes Roß beschlagen und gibt dem willigen Meister einen reichlichen Lohn. Sterblichen Helden erweist der Gott mitunter die Gunst, an der unheimlichen Jagd teilnehmen zu dürfen. Als Ehrenlohn erhalten sie von der Beute ein Stück Wild, das sich später in Gold verwandelt.

Die Volkssage hat hier vor allem den Anblick eines wolkenbewegten Nachthimmels verarbeitet und daraus das wilde, stürmende Heer geschaffen. Entgegen späteren Überlieferungen war die Begegnung mit dem Totenheer nicht Symbol für Angst und Schrecken, sondern für Fruchtbarkeit und Wachstum. Wo der Wilde Jäger herzog, dort wuchs das Korn höher. Die Götter- und Totenseelen sollten nicht abgewehrt, sondern herbeigerufen werden, denn ihr Erscheinen allein sicherte eine gute Ernte und das Sippenglück. Den Toten wurden Opfer gebracht, um sie zum Mitwirken am neuen Wachstum unter der Erde zu bewegen. Diese enge Beziehung von Totenverehrung und Wachstumskult so wie das Denken in natürlichen Kreisläufen überhaupt ist prägendes Merkmal der heidnisch-germanischen Weltsicht. Odins Wilde Jagd als Sinnbild der Toten- und Ahnenverehrung und des Fruchtbarkeitskultes ist auch heute noch in manchem Winterumzug gegenwärtig.

hel/holle-percht. gesehen in Oberbayern

Hel - Frau Holle

Hel ist der Name der Unterwelt in der nordischen Mythologie, Hel ist auch die Göttin des Todes. Das Winternachtsfest Anfang November heißt im englischsprachigen Raum Halloween, was nichts anderes bedeutet als "Hels Abend". Die ursprüngliche Bedeutung des Wortes "hel" ist "verbergen" im Sinne von schützen, noch heute erhalten z.B. in dem Wort "Helm", der den Kopf verhüllt und damit beschützt. "Hella" war bis zum 10. Jahrhundert das Wort für Unterwelt. Erst die Kirche deutete die schützende, bergende Hel um zum Qualort, zur grausamen Hölle.

Hel selbst ist die dunkle Erde, das Moor, das Totenreich. Sie nimmt das Leben und erneuert es. Wie das Moor ist sie nicht nur Grab, sondern auch fruchtbarer Boden und Keim für neues Leben. Wie der Schnee im Winter bringt sie nicht nur Starre und Bewegungslosigkeit über die Erde, sondern auch eine schützende Hülle, die das wiedererstehende Leben der Pflanzen und Tiere bedeckt. Die Göttin hat folglich eine schwarze und eine weiße Seite. Wer sie schwarz sieht, ist dem Tode verfallen; wer ihre weiße Seite erblickt, erfährt Schutz und Geborgenheit - doch vorher weiß es niemand. Hels wahre Absicht ist verborgen, verhehlt.

Hel erscheint in vielen Sagen und Märchen, von denen das bekannteste wohl "Frau Holle" von den Brüdern Grimm ist. In diesem Märchen erscheint die große Göttin in ihrer Rolle als Herrscherin der Unterwelt. Sie belohnt die fleißige Spinnerin Goldmarie für die in ihrem Reich bereitwillig geleisteten Dienste. Dem bequemen und oberflächlichen Wesen der Pechmarie wird exemplarisch eine Absage erteilt.

Die reichhaltige Götter- und Geisterwelt unserer Vorfahren verlieh der belebten und beseelten Natur plastischen Ausdruck. Die Elemente Erde, Luft, Wasser und Feuer, jedes Geschöpf, jedes Ding waren prinzipiell hilfreich, selbst wenn sie bisweilen auch zerstörerisch wirken konnten. Die gute Seite – die guten Geister und Götter – wurden herbeigerufen und durch Opfer versöhnlich gestimmt, symbolisierter Dank an die Natur und Huldigung der untrennbaren Zusammengehörigkeit mit derselben. Nicht Energien von außen wurden erfolgreich mobilisiert, sondern die eigene Tatkraft und Zuversicht, auch wenn dieser *psychologische Schachzug der Evolution* sicher nicht jedem einzelnen transparent war und ist.

Der Wandel von guten Geistern zu bösartigen Dämonen und der Mythos der Erlösung von jenen haben erst mit dem kirchlichen Bild vom Teufel Einzug gehalten. Äpfel, Nüsse und Honig als Opfergaben unserer Vorfahren jedenfalls waren wohl kaum als Abwehrmittel gegen teuflische Dämonen geeignet. Vielmehr sollte das Glockengeläut der Kirchen die Naturgeister der Heiden vertreiben.

Vieles ist kaum zu begreifen. Manches muß man tun, auch ohne es zu reflektieren. Die Natur legt uns den Mythos in die Wiege, er nährt sich selbst und bringt der Gemeinschaft Nutzen. Wir nähern uns ehrfürchtig in Bildern von magischer, übersinnlicher Faszination. Übersinnlich bedeutet: mit den Sinnen nicht vollständig zu erfassen. Das heißt nicht "übernatürlich", denn es gibt nichts außerhalb der Natur. Die Natur ist allumfassend, ewig, göttlich.

Zwischen den Jahren - Julzeit

Mehr als 365 mal dreht sich die Erde um ihre eigene Achse, während sie die Sonne umkreist. 365 mal sehen wir die Sonne auf- und untergehen - jedesmal aus einer etwas anderen Perspektive - bevor sich alles wiederholt. Dann ist ein Jahr vergangen, ein Sonnenjahr. Je eine dunkle und eine helle Zeit addieren sich zu 24 Stunden, wir nennen es "Tag", unterteilen ihn weiter in Stunden, Minuten und Sekunden. Die Sonne prägt unser Zeitgefühl, alle Ordnung entspringt der Sonne. Auch wenn wir den Lauf der (Jahres-)Zeiten heute weitaus neutraler empfinden, als unsere - naturverbundenen - Vorfahren dies taten: die menschliche Zeitrechnung baut ausschließlich auf der Sonne auf. Sie ist Ursprung, Motor und Taktgeber aller irdischen Prozesse.

Astronomisch weitaus unbedeutender, den Menschen aber dennoch innig, ist der Mond. Treuer Begleiter der Erde auf ihrer Bahn um die Sonne, ist er unser Zeuge von Anbeginn an. Auch der Mond dreht sich um sich selbst, rascher als unser Heimatplanet, auch er kennt Tag und Nacht. Und der Mond umkreist die Erde. Exakt 29,5 Tage dauert sein Umlauf, die Spanne zwischen Vollmond und Vollmond aus irdischer Sicht. Gefährlich nahe kommt er uns auf seiner elliptischen Bahn, so nah, daß Flutberge sich heben und senken unter seinem Einfluß. Nicht nur die Gezeiten werden durch die Schwerkraft des Mondes beeinflußt, auch der Zyklus der Frauen folgt seiner Regel, wie alle Körpersäfte. Nicht wenige behaupten, daß auch Tiere und Pflanzen ein lunares Eigenleben haben, was nur logisch erscheint.

Nun ergibt sich rein rechnerisch ein Unterschied zwischen Mond- und Sonnenjahr: 12 Monde (mal 29,5) sind 354 Tage statt 365. Ausgehend vom 1. Januar unserer Zeitrechnung endet das Mondjahr also am 21. Dezember, am Jultag, Tag der Wintersonnenwende und des Jul- bzw. Weihnachtsfestes. Dann beginnt die Zeit "zwischen den Jahren", die Julzeit, denn die folgenden 11 Tage und 12 Nächte bis zum nächsten 1. Januar gehören weder zum alten (Mond-)

noch zum neuen (Sonnen-)Jahr. Dies ist die Zeit, in der alles stillsteht, die Zeit des Übergangs, oft auch "Stille Zeit" oder "Tote Zeit" genannt, oder aber die "Zwölften". Jeder "Zwölfte" ist ein Feiertag, symbolisiert einen Monat, ein Tierkreiszeichen, eine Farbe, eine Pflanze usw. Es ist aber auch eine wilde Zeit, denn alles ist in der Schwebe und wirbelt bunt durcheinander: Helles und Dunkles, Großes und Kleines, Junges und Altes. Die Seelen der Menschen sind so empfindsam wie das kleine Lichtfünkchen, das sich in der Weihe-Nacht gerade erst entzündet hat. Die Julzeit ist die Zeit der Regeneration und des fruchtbaren und schöpferischen Chaos, aus dem die Keime des Lebens erwachsen. Die Nächte der Julzeit heißen Rauhnächte, rauh und wild ist ihr Charakter, nicht nur wegen Odins Totenheer. Die Bezeichnung "Rauhnächte" kann man mit Rauch oder "räuchern" in Verbindung bringen. In römischen und griechischen Kulten diente das Rauchen oder Räuchern nicht dazu, böse Geister und Dämonen zu vertreiben, sondern zur Freude und Anlockung der göttlichen Kräfte und der Toten. "Rauch" könnte aber auch in seiner mundartlichen Version "rauh, herb, behaart" gelesen werden und somit die Überleitung zu den mit Masken und Fellen behangenen, in den kalten, rauhen Nächten umherziehenden Perchten bilden.

Diese besonders dunklen Tage zwischen den Jahren geben dem Geheimnisvollen Raum, welches man zu fördern und zu ergründen sucht. Es sind auch die "Los-Tage", die prophetische Zeit im Jahr, die Zeit der Pläne, Wünsche und guten Vorsätze für eine lichte Zukunft. Das heutige Blei- oder Zinngießen am Jahreswechsel entspricht dem frühen Runenorakel, der Befragung des Schicksals auf der Suche nach Orientierung – meditatives Bewußt-Machen und Vergegenwärtigen kommender Aufgaben und Freisetzen der benötigten Energien. Das Abschießen von Feuerwerk und Raketen gehört zu den Lärmbräuchen, mit denen nicht vorrangig böse Dämonen – eigene Zukunftsängste - verscheucht, sondern vor allem das Neue Jahr in freudiger Erwartung lautstark begrüßt werden soll: je größer der Lärm des abziehenden Wilden Heeres und der Menschen, die ihm zujubelten – ein "Heidenlärm" im Sinne des Wortes - desto reicher die kommende Ernte. Dennoch hat jeglicher Übergang auch eine bedrohliche, eine unheilvolle Komponente, so auch der Jahreswechsel. Das allgemeine Spektakel hilft, Unsicherheit und Zukunftsängste der Menschen zu übertönen, ähnlich dem sprichwörtlichen "Pfeifen im Wald". Der Jahreswechsel war und ist die beste Zeit, um miteinander zu feiern, sich gegenseitig Glück zu wünschen, denn während der Julzeit ruhten Arbeit und Streit. Feiern und Gelage wurden abgehalten, bei denen das Schwein, der "Jul-Eber" eine Hauptrolle spielte. Deshalb schenkt man sich noch heute zu Neujahr kleine "Glücksschweinchen" z.B. aus Schokolade oder Marzipan.

Weihnachten ist ein altes deutsches Wort. Das Wort "wjh" bedeutet ursprünglich "heilig", daher die analoge Bezeichnung "Heilige Nacht". Im Mittelhochdeutschen hieß die Mehrzahlbildung "wihen nachten" - geweihte Nächte, was darauf zurückzuführen ist, daß eigentlich mehrere Nächte, nämlich die *Zwölften*, gefeiert wurden. Die Nächte um den 21. Dezember erschienen unseren Vorfahren "geweiht", weil in dieser dunkelsten Zeit des Jahres der lebenssichernde Wechsel erfolgt: die Wintersonnenwende, mit der sich der Sieg von Licht und Wärme über Kälte und Dunkelheit wieder neu anbahnt. Das Weihnachtsfest wurde auch "Jul" gennant, Fest des Rades. Der Kreis des alten Jahres wird geschlossen, der des neuen aufgetan. Die Wortwurzel "Jul" ist in vielen (alten) Sprachen zu finden, z.B. englisch *wheel*, aber auch *joel, yule, hvel* und *hveól*. Andere Quellen verweisen auf die lateinischen Wörter *joculus* (fröhlich) und *iugulare* (schlachten). Das finnische *Joulu* mit der ur-nordischen und vor-literarischen Pluralendung ist bereits zur Wikingerzeit von den germanischen Nachbarn entlehnt worden. Offensichtlich ist auch der Bezug der Radsymbolik zur Sonnenverehrung. Sonnenräder, Sonnenwagen und Swastika (Hakenkreuze) legen ein vielfältiges Zeugnis davon ab. Das mittelhochdeutsche Wort "sunngiht" (Sonnenwende) trägt den Hinweis auf den magischen Inhalt des Festes in seiner Komponente "giht", was übersetzt soviel heißt wie *Verzauberung*.

die mütter sind wie königinnen

der abend kommt von weit gegangen
durch den verschneiten leisen tann.
dann presst er seine winterwangen
an alle fenster lauschend an.
und stille wird ein jedes haus:
die alten in den sesseln sinnen,
die mütter sind wie königinnen,
die kinder wollen nicht beginnen
mit ihrem spiel. die mägde spinnen
nicht mehr. der abend horcht nach innen,
nur innen horchen sie hinaus.

(RAINER MARIA RILKE)

Das Julfest – Weihnachten

Den Höhepunkt der Dunklen Zeit bildet Jul, das Weihnachtsfest. In dieser längsten Nacht des Jahres erfüllt sich das Versprechen der Wiedergeburt. Noch ist die Welt ringsum augenscheinlich tot und regungslos. Die Wasser sind zu Eis erstarrt und regen sich nicht mehr, die Bäume stehen kahl und leblos in der stillen Natur. Der Schnee bedeckt alles, wie ein Leichentuch. Doch in dieser Nacht beginnt alles von vorn. Die "geweihten Nächte" verheißen das Wissen um die große Umkehr, um den Wiederaufstieg des Lichtes und um die Geburt des neuen Lebens. An Jul ist die Dunkelheit gebannt, die Nächte werden kürzer, und was tot schien und verloren, wird wieder erwachen. Das Julfest ist ein harmonisches Netzwerk ineinandergreifender Sonnen-, Toten- und Fruchtbarkeitsriten und symbolischer Handlungen zur Neuaktivierung menschlicher und natürlicher Kraft. In früherer Zeit, als die umgebende Natur noch viel unmittelbarer erlebt wurde, hatten die verschiedenen Julrituale große lebenspraktische Bedeutung für die Menschen. Auch heute noch zeugt davon ein reichhaltiges Weihnachtsbrauchtum.

Das Julfest war ein Fest des Lichtes, der Freude und der Hoffnung. Es war ein Fest der Einheit von Sonne und Erde, der Einheit von Mensch und Natur, ein Fest der Versöhnung untereinander. Den wilden Tieren in Feld und Wald wurde Futter gestreut, Streitereien und Kämpfe wurden ausgesetzt - eine

Verhaltensbotschaft, die der *Julfrieden* ("Julafred")genannt wurde – mit deutlichen Parallelen zur später eingeführten christlichen Friedensbotschaft. Wenn der Julfrieden herrscht, ruht die Arbeit. Kein Thing wird geboten, keine Spindel darf sich drehen, wie ja auch das Rad des Jahres stillzustehen scheint. Das Herdfeuer, das eigentliche Heiligtum des Hauses, Sinnbild der Ewigkeit der Sippe, wird verlöscht wie beim Tode des Hausherrn. Erst wenn in der ganzen Gemeinschaft kein Feuer und kein Licht mehr brennt, kann es durch feierliches Entfachen am gemeinsamen Julfeuer wieder entzündet werden. Jeder Hausvater nimmt einen Julblock mit heim, wo die Flammen sorgfältig gehütet werden bis zur nächsten Wintersonnenwende. Auch im alten - noch nordischen - Griechenland kennt man diesen Brauch. Plinius berichtet: *"Die Nordmänner senden in der langen Winternacht ihre Boten auf die Gipfel ihrer Berge, um die wiederkehrende Sonne zu erspähen. Um die Hügel und Steine, an denen man die aufgehende Sonne beobachtet, erhebt sich unermeßlicher Jubel, und man feiert das Fest der frohen Botschaft des Lichts. Heilige Kräuter werden verbrannt ..."*

Es folgte ein Festessen für die ganze Sippe, der Julschmaus - dieser Brauch ist bis heute unverändert erhalten. Das Julgelage geht zurück auf das altgermanische Opferfest, dessen Kern das heilige, den Sippenfrieden bestätigende und erneuernde Mahl der Gemeinschaft bildete. Noch heute kommt zu diesem Anlaß in Schweden der "Julgalt" (Weihnachtseber) oder der "Jultupp" (Weihnachtshahn) auf den Tisch. Das feierliche Julmahl bot außerdem tiefe und ruhige Besinnung in der Gemeinschaft und bildete den Mittelpunkt des Ahnengedenkens. Man erinnerte sich der Toten im Hause und hielt ihnen einen Platz an der Tafel und im Bett frei. Vom kultischen Mahle, dem "blot", weihte man den toten Vorfahren einen Teil. Danach wurde mit Julbier (Met) gefeiert. Das Julbier galt als ritueller Bestandteil des Festes, seine Zubereitung erfolgte nach uralten Regeln. Den rituellen Julbier-Trunk finden wir noch heute im Brauch der "Johannisminne". Die Minne trinkt man an Weihnachten auf das Gedächtnis der Toten. Mit den Gelagen verbunden ist auch die Sitte der Julgrütze sowie der Brauch, dem Vieh am Julabend die "letzte Garbe" zu verfüttern. Frisches Stroh wurde ebenso am Boden und auf dem gemeinsamen Nachtlager ausgebreitet, verbunden mit der Bitte um günstiges Wachstum, ein weiterer Beleg für die enge Verbindung von Ahnen- und Fruchtbarkeitskult. In Skandinavien hat sich bis in die heutige Zeit auch der Brauch gehalten, einen gesonderten Jultisch mit Speisen und Getränken für die verstorbenen Ahnen zu bereiten, die nachts zu Besuch kommen und sich ihren Teil vom Festschmaus holen. Der Jultisch bleibt während der gesamten Festzeit gedeckt und wird von keinem Familienmitglied angetastet. Auch Totenmessen zur Weihnachtszeit sind bei fast allen nordischen Völkern verbreitet.

Der Lichterkranz

Die Nacht ist sternklar und kalt. Die Sippe hat sich um das lodernde Julfeuer versammelt. Im Umkreis von einigen Metern ist der Schnee der Glut der Flammen gewichen, deutlich sind die Spuren des Feuertanzes zu sehen. Vorausgegangen sind Gebete, Gesänge und Bekenntnisse. Dann tritt ein junges Pärchen hervor. "Für unsere Ahnen" schallt es durch die Nacht, und mit dem Ruf schwirrt ein stattlicher Eichenkranz ins Feuer, wo er sofort knisternd und knackend in Flammen aufgeht. Wenige Sekunden später zeugen nur noch einige Funken am Himmel von seiner Existenz.

Solche oder ähnliche Szenen haben sich bereits vor mehr als 2000 Jahren in unseren Breitengraden abgespielt. Die Feuer-Opferung von Eichenkränzen - als wahrscheinlicher Vorläufer der Adventskränze - bildet den Mittelpunkt des Ahnengedenkens. Das Eichenlaub - oder auch das Laub vom Lebensbaum des erst kürzlich Verstorbenen - folgen in der germanischen Mythologie dem gleichen Weg, den auch die Seele des Toten genommen hat. So wird die Verbindung zu den Vorfahren hergestellt. Der Eichenkranz war auch Sinnzeichen und Symbol des alten Jahres. So sollte das Gewesene sichtbar vor allen Augen verbrannt und Platz für das Neue geschaffen werden, um das Ewige zu bewahren. Dieser Aufgabe stellte man sich öffentlich am Julfeuer, denn die Julzeit zwischen den Jahren, ist auch die Zeit der Gelübde, Schwüre und Bekenntnisse. Die guten Vorsätze für das neue Jahr (an Sylvester) sind ebenfalls in dieser Tradition zu sehen: Altes wird verbrannt, dem Neuen der Weg bereitet.

Im heutigen Adventskranz ist die germanische Totenehrung rituell - wenn auch unbewußt - erhalten geblieben. Adventskränze und Grabkränze sind kaum zu unterscheiden. Das Kranzwinden ist in jedem Fall Sinnbild für den Zyklus von Leben und Tod, entweder den Menschen oder die Sonne betreffend. Seine Kreisform, das Runde steht für das Zusammenfallen von Anfang und Ende des Jahres, für Niedergang und Erneuerung, für das ewig Zyklische der Natur, für den Übergang. Die grüne Farbe, vor allem das Immergrün der Tannenzweige symbolisiert Fruchtbarkeit und Leben schlechthin, vor allem in Bezug auf den erhofften Frühling. Die Anzahl der Kerzen, nämlich vier, steht für die vier Wochen des Julmondes sowie für die vier Jahreszeiten und versinnbildlicht damit einmal mehr den immer wiederkehrenden Jahresrhythmus. Sie steht weiterhin für die vier Elemente (Erde, Wasser, Luft und Feuer), entsprechend den vier Himmelsrichtungen. Das Kerzenfeuer selbst bedeutet - wie auch beim Julleuchter - das Sonnenlicht, welches zunächst immer spärlicher wird, um dann in neuem Glanz aufzuerstehen. Nach alter Sitte werden zu Beginn der Julzeit erst vier, dann drei, dann zwei und schließlich nur eine Kerze angesteckt, als Symbol für die abnehmende Sonnenkraft. Erst am Tag der Wintersonnenwende werden feierlich wieder alle Lichter entzündet. Heute ist es eher üblich, mit einer Kerze zu beginnen; dann kommt jede Woche eine weitere dazu: ein weiterer Schritt durch den Lebenskreis. Wenn am 21. Dezember schließlich alle vier Kerzen brennen, haben die Menschen den Kreislauf von Leben und Tod bis zum Ende durchlaufen und befinden sich nun, mit der Neugeburt des Lichtes, am Anfang eines neuen Zyklus'.

Seine jetzige Form besitzt der Adventskranz allerdings erst seit kurzer Zeit. Obwohl Kränze, Grünschmuck und Feuer seit jeher fester Bestandteil ritueller Handlungen sind, ist die Kombination "Adventskranz" in Deutschland noch in den dreißiger Jahren praktisch unbekannt gewesen - man beschränkte sich auf Tannenzweige mit Kerzen, Misteln oder auch geschmückte Lebensbäume. Erst gegen Mitte des Jahrhunderts verbreitete sich dieser schöne Brauch von Norden her kommend im ganzen Land und darüber hinaus.

Das Wort "Advent", mit welchem die Vorweihnachtszeit bezeichnet wird, könnte "zu der Wende hin" bedeuten, auch das lateinische "advenire" für ankommen ist möglich. Die Adventszeit entspricht dem Julmond (Dezember), welcher der Julzeit (zwischen den Jahren) vorausgeht.

so entsteht ein adventskranz

Als Gerippe eignet sich eine Wei-
denrute, die zum Kreis gebogen und an
den Enden zusammengebunden wird.
Auch Strohgebinde sind denkbar.

Vom Tannengrün werden zunächst
die größeren, dann immer kleinere Äste
auf den Kranz gebunden, dazu eignen
sich grünes Garn, Hanfseil oder ein dün-
ner Draht. Jede neue Schicht verdeckt die
Befestigung der vorhergehenden.

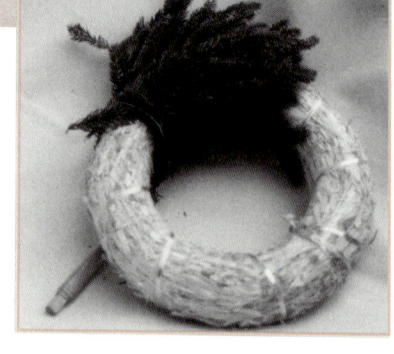

Die Zweigspitzen zeigen nach rechts. Zur
Befestigung der Kerzen dienen Streichhölzer, die
auf beiden Seiten angespitzt werden.

Zusätzlich können Granatäpfel, Nüsse oder
auch kleine hölzerne Fliegenpilze aufgebracht
werden. Wer den Kranz später dem Julfeuer übergeben möchte, sollte allerdings nur brennbare und
natürliche Materialien verwenden, also keinen
Draht, keine Nägel, keine lackierten Objekte.

so schmücken wir den weihnachtskranz
für der sonne neuen lauf
und stecken ihm mit hellem glanz
vier rote lichter auf.

1.KERZE

das erste licht
entzünden wir.
es ist der jugend
beglückende flamme
und trägt das leben
aus ewigem stamme.

2.KERZE

es ist das feuer
der heilenden kraft,
die heilige sehnsucht der
mutterschaft,
dass allen müttern
es leuchten kann
am weihnachtsbogen
zünden wir's an.

3.KERZE

das dritte licht
sei stumm geweiht
den toten in der ewigkeit.
in ehrfurcht neigen
wir uns hin.

4.KERZE

auf, haltet euer herz bereit
für einen neuen morgen,
noch wandeln wir
in dunkler zeit,
doch in der
tiefsten dunkelheit
liegt schon das
vierte licht verborgen.

kindergedicht zum festlichen entzünden der adventskranzkerzen

Der Weihnachtsbaum

Neue Symbole und neue Mythen erschafft die spätere Zeit nicht. Dazu fehlt ihr die Jugendfrische der ersten Existenz. Kaum ein Sinnbild, kaum ein Gedanke, der nicht schon gedacht worden wäre. Aber dem Schatze überlieferter Darstellungen weiß das spätere, mehr auf sein Inneres gerichtete Menschengeschlecht, eine neue vergeistigte Bedeutung zu unterlegen. (nach Johann Bachofen)

Der Weihnachtsbaum bildet ohne Zweifel den Mittelpunkt des Festes. Drei Wesensmerkmale kennzeichnen unseren Weihnachtsbaum: Grünsymbol, Licht und die Eigenschaft als Gabenbaum. Alle drei sind bereits aus der Antike überliefert. Immergrüne Zweige und Misteln als Symbol der Fruchtbarkeit, Licht und neues Leben zur Ehre der Sonne sowie Äpfel, Nüsse und Gebäck als Gaben vom Weltenbaum, Geschenk und Opfer zugleich. Im Weihnachtsbaum verschmelzen diese Ursymbole zu einer ausdrucksstarken Einheit. Wir erleben hier sinnbildlich die harmonische Vereinigung des Grüns der Vegetation mit dem hellen Glanz des Sonnenlichts.

Entgegen anderslautenden Quellen ist der Weihnachtsbaum wahrscheinlich so alt wie die Menschheit selbst. Der Nachweis von Kultbäumen zumindest reicht über die Bronzezeit hinaus bis in die Jungsteinzeit zurück. Die keltischen Druiden nahmen die Zeit der Wintersonnenwende zum Anlaß, die immergrüne Mistel zu schneiden. Die alten Ägypter schmückten zur selben Zeit die Gemächer mit den grünen Zweigen der Dattelpalme. Auffällige Parallelen finden sich auch in einer Darstellung des ägyptischen Totenbuchs, die einen durch die Sonne gekrönten Lebensbaum zeigt. Die Isländer schmückten in der Julnacht eine Eberesche mit Lichtern. Überhaupt scheint die Sitte des Weihnachtsbaumes Ausdruck eines Baumkults zu sein, der in der indogermanisch-heidnischen Welt seine festen Wurzeln hat.

Über Ruten (z.B. die gebogene Haselrute als Symbol für den kleinsten Sonnenbogen am Tage der Wintersonnenwende), Kränze und Lichterreihen entstand der lichtergeschmückte Tannenbaum. Später sind viele Beispiele von Weihnachtsleuchtern bekannt, teilweise aus Holz und in Baumform, teilweise aus Metall. Ein Vorläufer des Weihnachtsbaumes in der heutigen Form ist sicher auch das alte Paradiesspiel, eine stilisierte hölzerne Pyramide, die mit Äpfeln, Tannenzweigen und Kerzen geschmückt wurde. Zwischenzeitlich von Krieg und Bekehrung zurückgedrängt, tauchen diese Sinnbilder seit dem Mittelalter vermehrt und in immer neuen Formen wieder auf - bis zu einer Hochphase in der Romantik, jener Epoche, während der Rationalität, Freidenkertum und uralte natürliche Ideale eine einzigartige Verknüpfung fanden. Heute führen religiöse Dogmen, die Trennung der Disziplinen und die Entfernung der Menschen von der Natur zu einer eher beiläufigen Sicht der überlieferten Bräuche, irgendwo zwischen mechanischer Ausführung, Gedankenlosigkeit und vollständiger Ignoranz.

Die Auswahl des Baumes

Der Baum selbst sollte eine Fichte oder Tanne sein, denn sie *blühen* im Winter und tragen gleichzeitig ihre Früchte. Auch die Eberesche (schwedisch "julrönn") ist als Weihnachts- und Weltenbaum überliefert, aber sicher nicht für das Hausinnere geeignet. Abgeschlagen werden sollten nur solche Bäume, die auch extra für diesen Zweck gepflanzt wurden, ansonsten bieten sich auch kleiner Topfbäume an. Nach den Festtagen kann der Weihnachtsbaum eine neue schöne Aufgabe bekommen, indem er - mit Vogelfutter behängt - auf Balkon oder Garten verbracht wird und dort nun einen Bescherungsbaum für die Vogelwelt bietet, die auch teilhaben soll an der freudigen Zeit.

Äpfel

In Geäst des Baumes hängen allerlei Sinngaben, z.B. rote Äpfel an roten Bändern. Die Farbe Rot steht für Blut, also Leben und Tod, für Feuer, Sommer, Geburt, Leidenschaft und Sonnenkraft. Der Apfel ist Sinnbild des Sonnenkultes und Symbol für Fruchtbarkeit, Wissen und ewiges Leben. In der nordischen Mythologie bewahrt Iduna, die Göttin der Jugend und Unsterblichkeit, elf jugendbringende Äpfel in einer Truhe auf und schenkt ihrem Gatten Bragi, dem Gott der Klugheit, daraus verjüngende Kraft. Als einmal der Riese Thiassi, von Loki angestiftet, die Äpfel raubte, drohte der Welt Verderben – es gelang aber, den Schatz zurückzugewinnen.

In vielen anderen Sagen gilt der Apfelbaum als Baum der Erkenntnis. Aus Gräberfunden wissen wir, daß der Apfelbaum die älteste Kulturpflanze mit dem haltbarsten und dauerhaftesten Obst in unseren Breiten ist. Äpfel sind gesund, bekömmlich und sehr schmackhaft. Aufgrund seiner Widerstandskraft gegen den Winter und seiner Lebenskraft sehen wir in ihm pure Sonne. Mit seiner runden Form ist er auch Symbol des ewigen Kreislaufs.

apfel, mit den gold- und purpurflecken
auf der schale, klar und sanft wie samt,
zitternd wage ich, den gott zu schmecken,
der dir innewohnt, dem du entstammst.

die goldenen äpfel der iduna

namenloses löst der zarte bissen,
da der sonne süssigkeit
beginnt und ist selig,
hostie sich zu wissen,
die nun mild ins blut
hinüberrinnt.
(nach hans kern)

Baumspitze

Üblicherweise wird die Spitze des Weihnachtsbaumes mit einem großen goldenen, meist achtstrahligen Stern geschmückt. Die acht Strahlen stellen die acht Speichen des natürlichen Jahresrades dar, der Stern selbst als Sonnensymbol hat ebenfalls astronomische Bedeutung. Licht, Glanz und Leben der neuen Sonne sollen auch die Festgemeinschaft erfassen. Zuweilen sind die Weihnachtssterne drehbar befestigt, eine weitere Anspielung auf das Jahresrad. Neben Sternen eignen sich als Baumspitze auch Sonnenräder oder aber die Hagal-Rune, die Mutter der Runen, als Zeichen für die Struktur der Welt, das Leben und die Geburt (des Lichtkindes).

In manchen Regionen hängt man den Weihnachtsbaum mit seiner Spitze an der Decke auf, so daß er frei schwebt und sich drehen kann. Diese hängenden Bäume heißen "Welt" oder "Himmel", was auf den Weltenbaum bzw. Lebensbaum hindeutet, der in der Mythologie fast aller Völker eine große Rolle spielt. Bekannt ist auch die Bezeichnung "Unruhe der Welt", womit auf den Übergangscharakter und die Unordnung der Zeit zwischen den Jahren hingewiesen wird.

Nüsse

Nüsse reifen wie Äpfel am spätesten im Jahr und sind mit Abstand am längsten haltbar. Zudem tragen sie ihre Lebenskeime in sich. Nüsse am Weihnachtsbaum und bei der Bescherung deuten also an, daß das Leben weitergeht.

Lametta

Der Brauch, den Weihnachtsbaum zu versilbern oder auch zu vergolden, soll in erster Linie sein Leuchten, seinen Glanz und damit die Festlichkeit der Erscheinung erhöhen. Hintergründig ist auch der alte alchimistische Wunsch zu vermuten, Blei in Gold bzw. Silber verwandeln zu wollen - eine psychologische Absicht, die sich zuallererst auf den Geist des Adepten bezieht: Er muß in die Abgründe seiner eigenen Psyche hinabsteigen, den unbewußten, verdrängten Aspekten seines Selbst begegnen und diese "vergolden" – transformieren, positiv auflösen, um als neuer, vervollkommneter Mensch wiederzuerstehen.

Aus ästhetischen und auch ökologischen Gründen benutzen wir allerdings kein industrielles Lametta, zumal es kaum wiederverwendet bzw. anderweitig verwertet werden kann.

Weihnachtskugeln

Der Kugelschmuck ersetzt oder ergänzt die symbolischen Früchte des Weihnachtsbaumes. Die Form läßt den Apfel als Vorbild erkennen. Die immer wiederkehrenden Früchte sind oft vergoldet, um auf die Sonne oder die heiligen
Feuer und Lichter hinzuweisen. Auch die anderen Grundfarben haben eigene
Bedeutungen, z.B. Rot als Symbol für Feuer, Sonne und Leben.

Besonders schön und eindrucksvoll sind Weihnachtskugeln mit selbst-
gestalteten Motiven. Dies können Runen, Weihnachtssymbole, Namenszeichen
oder Flechtmuster sein - der eigenen Phantasie sind keine Grenzen gesetzt. Als
Grundlage dienen einfarbige Weihnachtskugeln mit beschrift- bzw. bemalbarer
Oberfläche. Zum Bemalen können praktisch alle gängigen Farben (Wasser-, Kör-
per-, Acryl, Öl- und Ostereier-Farben) verwendet werden, auch Bunt-, Wachs-,
Filz- und Folien-Stifte sind geeignet. Besonders gute Ergebnisse erzielt man mit
dünnem Pinsel und Modellbaufarben, wie es sie in jedem Fachgeschäft zu er-
werben gibt – und einem ruhigen Händchen.

selbst
gestalten

45

Sinn

Symbole

gebäck

Sinngebäck

Mürbe- oder Lebkuchenteig, zu allerlei Formen gebacken, bereichert von jeher den Weihnachtsbaum und auch einzelne immergrüne Zweige in den Stuben.

Zahlreiche Runenzeichen sind so bis heute im Weihnachtsgebäck erhalten geblieben. Sterne, Monde, Herzen und auch die Darstellung historischer oder mythologischer Figuren als Gebildebrot sind im gesamten europäischen Kulturkreis bekannt. Auch Sonnenräder und Fruchtbarkeitssymbole können leicht nachempfunden werden, eine schöne vorweihnachtliche Aufgabe für die ganze Familie.

Unser Sinngebäck dient nicht nur dem späteren Verzehr, sondern als festliche Beigabe zum Überbringen guter Wünsche – auch zur feierlichen Übergabe in das Julfeuer.

in Teig

backen
ist
gebet

Rezept für Gebildbrote und Sinngebäck

Das hier vorgestellte Rezept ist das Ergebnis unzähliger gelungener und fehlgeschlagener Versuche und Experimente. Es hat sich auch herausgestellt, daß es keinen Sinn ergibt, exakte Mengenangaben zu machen, wenn man nicht gleichzeitig sicherstellen kann, daß auch die Zutaten exakt die gleichen sind. So hängt das Gelingen nicht nur von der Getreideart ab, sondern auch davon, ob man Eier aus der Legebatterie oder vom Biobauern verwendet. Gleiches gilt für den Quark und die Butter. Letztendlich ist nur wichtig, daß ein gut formbarer Teig entsteht, - nicht zu flüssig, aber auch nicht zu fest, - der gut in den Händen liegt, phantastisch duftet und durch seine goldbraune Farbe die Augen liebkost.

Wir nehmen also:
- Einen Mürbeteig: Vollkornschrot, etwas Weißmehl dazu, Zucker oder Honig, und etwas Treibmittel (weniger als bei Mürbeteig üblich, sonst verlaufen beim Backen die Symbole).
- Jetzt eine Mischung aus Quark, Butter und Eiern dazurühren.
- Zum Schluß die Gewürze hinzufügen: Zimt, Anis und Nelke, aber auch Kardamom paßt gut. Wer will, kann auf fertige Lebkuchengewürzmischungen bzw. Neunerlei zurückgreifen.

Aus diesen Zutaten muß, wie oben gesagt, ein gut formbarer Teig entstehen. Lassen Sie sich nicht entmutigen, wenn es nicht gleich klappt. Die wertvollen Dinge des Lebens muß man sich erarbeiten und verdienen, darin liegt die Kunst. Man vertraue dabei ganz seinen Sinnen: den Händen, die den Teig kneten, der Nase, welche die Düfte und Gewürze wahrnimmt, sowie den Augen. Niemals kann aus einem Teig, der nicht gut duftet und noch schlechter schmeckt, stimmungsvolles Sinngebäck entstehen. Farbe, Form und Geruch, nicht zuletzt auch der Geschmack entscheiden, ob aus diesem Teig wahrhaft weihnachtliches Gebildbrot wird.

kultisches
gebildbrot

spiralen, sonnenwirbel und flechtmuster zeigen die unerschöpfliche vielfalt in der ausgestaltung kultischer gebildbrote.

Fliegenpilz

Warum werden auch heute noch kleine hölzerne Fliegenpilze als Weihnachtsschmuck und Glücksbringer zu Neujahr verkauft? Die Antwort ist - wie so oft - in vorchristlicher Zeit zu suchen. Die Wirkstoffe des Fliegenpilzes sind bei dosierter Anwendung geeignet, psychedelische Trancezustände herbeizuführen. Auch eine aphrodisierende Wirkung ist zu attestieren. Entsprechend hatte der Fliegenpilz seinen festen Platz bei verschiedenen rituellen Zeremonien unserer Vorfahren, vor allem zur Wintersonnenwende. Im Herbst gesammelt und getrocknet, wurde er zur Winterfeier vorzugsweise gegessen oder geraucht. Belege dieser Praxis finden sich in ganz Europa bis hin nach Griechenland. In Rußland sind heute noch Rezepte zur Beimischung von Fliegenpilz zum Wodka bekannt. Aus medizinischer Sicht muß der Fliegenpilz im Gegensatz zu anderen giftigen „Kollegen" eher als harmlos eingestuft werden.

Zum besseren Verständnis muß angemerkt werden, daß die „schauende Entrückung" fester Bestandteil der Weihnachtskulte der Völker war. Etwa Odins Wildes Heer in den vorbeifliegenden Wolken zu erkennen, erfordert eine gewisse Ekstase. So galt auch der Met, feierlich genossen, als „göttliches Feuer". Während solches „Erleben der Seele" von christlicher Seite scharf bekämpft wurde, gaben sich die alten Europäer zu den entsprechenden Anlässen gerne dem „Kultrausch" hin, indessen sie „die Götter besser zu schauen vermochten".

das fleisch der götter

Tatsächlich genießen sanfte Rauschmittel auch heute noch große Bedeutung bei den Feierlichkeiten der Menschen, man denke nur an die Kulturdrogen Alkohol und Nikotin. Drogen können eine Erweiterung des Bewußtseins und starke Gemeinschaftserlebnisse vermitteln. In der Regel überwiegen bei maßvollem Genuß diese positiven Aspekte vor den möglichen nachteiligen Folgen.

Der Baum der Erkenntnis gleicht auf vielen mittelalterlichen Darstellungen dem Fliegenpilz - Ergebnis der fortwährenden Verteufelung durch die Kirche. Der Fliegenpilz als Weihnachtsbaumschmuck hat sich bis heute gehalten und dokumentiert eine aufgeschlossene Haltung zur gemeinsamen Ausgelassenheit bei dieser Feier und den Bezug zur naturreligiösen Weltschau des alten Europa.

Der Julbogen

Der Julbogen vereinigt wie der Weihnachtsbaum alle wesentlichen Symbole – Fruchtbarkeit, Licht und neues Leben – in einem. Die im Halbkreis gebogene Form ist Sinnbild des Sonnenlaufs und mit der Lebensrute Symbol für die ewige Wiederkehr des Lebens. Die Rute wird meist von raschwachsenden, saftigen und heilkräftigen Bäumen oder Sträuchern geschnitten wie z.B. Hasel, Birke, Flieder, Wacholder, Kirsche oder Linde. Ebenfalls aus Haselruten wird der Lebensbaum gebunden, der das Innere des Bogens füllt. Die Äste des Lebensbaumes tragen die immergrünen Zweige der Beständigkeit, der Treue und der Unsterblichkeit. Wir nehmen dafür Buchsbaum, Efeu, Tanne und Mistel.

Jul

52

Aus dem Grün heraus ragen die vier roten Kerzen am Sonnenbogen. Die Kerzen brennen so, daß sie das abnehmende Licht symbolisieren, also erst vier, dann drei, dann zwei und am Schluß nur noch eine - bis am Tag der Sonnenwende die zwölf Kerzen des Weihnachtsbaumes ihr warmes und üppiges Licht aussenden. Allerlei Sinngegenstände hängen im Geäst des Lebensbaumes: rote Äpfel an roten Bändern, Sinn- und Runengebäck, hauptsächlich Sonnenrad und Hagal-Rune.

bogen

Urd Werdandi Skuld

54

Die Julbögen auf diesen Seiten zeigen die Symbolik des Sonnenjahres. Hier sehen wir die drei Nornen - Urd, Werdandi und Skuld, die Weberinnen der Menschenschicksale. Die Junge trägt alles Werdende über einer Mondscheibe, die Reife gibt und erhält alles Lebende im Zeichen der Sonne, und die weise Alte ist die Erde. Das symbolisiert das ausgeprägte Flechtmusterband am Saum ihres Kleides. Als "Tödin" spinnt und durchschneidet sie den Lebensfaden.

Man kann die Symbolik der drei Nornen auch in einer einzigen Gestalt verdichten und darstellen. In diesem Fall wandelt sich die Figur zur Großen Göttin, als Hüterin der kosmischen Ordnung.

1.kerze

ein jahr muss vergehen,
in alle welt verschneit,
und wird doch bald erstehen
hoch über alle zeit.

anregung zum entzünden d

2.KERZE

das alte jahr muss bringen
sein licht dem jungen jahr,
doch seine sterne springen
am ganzen himmel gar.

3.KERZE

ein jahr wird nun verloren
in unsrer erde schoss,
wird neu und jung geboren
und leuchtet, leuchtet gross.

er kerzen auf dem julbogen

Krippen

Die Vorstellung eines göttlichen Kindes gehört zu den religiösen Urideen der Menschheit. In vielen vorchristlichen Mythen wird ein solcher Gottessohn als "das Licht der Welt" bzw. als "Licht des Lebens" gepriesen, mit deutlichem Bezug zum Sonnenkult. Und fast immer lag das Sonnenkind in einer Krippe, was vom Grundbegriff des Wortes her *Flechtwerk* bzw. *Korb* bedeutet. Dionysos, Hermes und Zeus z.B. wurden der Sage nach als Neugeborene in einem Korb liegend gefunden, bevor sie ihr gutes Werk an den Menschen verrichten konnten. Auch das christliche Bild des guten Hirten, der ein Lamm (an Kindes Statt) trägt, war bereits in der Antike vorgeformt. Kind, Stern, Wiege und Krippe unter dem Weihnachtsbaum sind also kultur- und zeitübergreifende Symbole für die Neugeburt des Lebens, des Lichtes.

Kind

Sinnbildlich haben unsere Vorfahren also die neuerstehende Sonne mit einem neugeborene Kind verglichen, das von Tag zu Tag größer und stärker wird. Als Kennzeichen der Sonne trug dieses Kind den Strahlenglanz des Lichtgestirns um sich – bis der neuen Lehre dieses Gleichnis eines Tages mißfiel. Man nahm das Sonnenkindchen aus der Wiege und legte einen Knaben aus einem fremden Volk hinein. Der Sonnenkranz wurde zum Heiligenschein, Johannes (8,12) läßt Jesus sagen: "Ich bin das Licht der Welt". Noch heute besingen die Kinder "Alle Jahre wieder" die Geburt der Sonne, obwohl Jesus ja nur einmal geboren wurde. Sie tun dies " ... mitten im kalten Winter", den es in Palästina in dieser Form ja gar nicht gibt.

Kerzen

Sinnvoll sind 12 Kerzen, eine für jeden Monat des nächsten Jahres. Die Kerzenfassungen symbolisieren Blütenkelche, Geburtsort der Frucht, des Lichtes. Das Kerzenlicht verleiht der Freude über die wiederkehrende Sonne und den Neubeginn des Lebens Ausdruck. Die Kerzen sollten erst am Weihnachtsabend gemeinsam feierlich entzündet werden.

Tiere

Bei der heiligen Handlung der symbolhaften Lichtgeburt waren z.B. in den altindischen Veden zwei Tiere zugegen: ein Esel, der das Holz für den Feuerstoß herbeigetragen hatte, und eine Kuh, welche die Butter zur Salbung gab. Aus diesen Ur-Erinnerungen ist noch heute dem Hindu die Kuh heilig. Auch in unseren volkstümlichen Darstellungen des Stalles zu Bethlehem sind Esel und Kuh zugegen, das Weihnachtsevangelium (Lukas 2, 7-16) aber führt sie nicht an. Ohne Zweifel handelt es sich also um vorchristliche Symbole. Hätte man die Tiere eines zeitgenössischen Stalles um Jesu Geburt aufführen wollen, so müßte man auch Schafe, Ziegen und Kamele aufgenommen haben. Diese sind aber in keiner Version zu finden. Wir verwenden deshalb heimische Tierfiguren, um den Myhtos der Geburt des Sonnenkindes zu illustrieren.

Stroh

In den alten Religionen mußte der zarte Lichtfunke zu Weihnachten - der neugeborene Gottessohn - zur hellen Flamme entfacht werden. Aus Indien z.B. ist überliefert, daß man dazu das glimmende Holzmehl vorsichtig auf Heu oder Stroh legte - auch Jesus lag im Stroh. Um das Aufflammen zu beschleunigen, fügte man dem Funken leicht entzündliches Fett zu in Form von Butter. So wurde der Gottessohn zum "akta", zum "Gesalbten". Auch Jesus wurde gesalbt und bekam sogar den griechischen Beinamen "christos" (der Gesalbte). Das aufflakkernde Stroh wurde nun an den vorbereiteten Holzstoß gelegt. Hell loderte dieser auf und strahlte die frohe Botschaft vom Sieg des Lichts weit in das Land hinein. Wir benutzen das Stroh zum Ausschmücken des Bodens unter dem Weihnachtsbaum (ein Eimer Wasser in der Nähe sollte sicherheitshalber nicht fehlen) und zum Basteln der Weihnachtssterne.

Strohsterne

Strohsterne basteln ist ein schöner Brauch für die ganze Familie. Die kleinen Licht- und Sonnensymbole finden nicht nur am Weihnachtsbaum Verwendung, sondern auch an immergrünen Zweigen in der Wohnung und an den Fenstern. Gerade das Stroh als verwendetes Material stellt den Bezug zu Natur und Ernte her, es transportiert den Wunsch nach Fruchtbarkeit und Wachstum. Der Stern strahlt hell in alle Richtungen und verkündet die Botschaft des wiederkehrenden Lichtes.

Der Klausenbaum

Der Klausenbaum oder auch "Julapfel-Leuchter" ist ein Weihnachtsleuchter in Form einer Pyramide. Sein Name ist abgeleitet vom Nikolaus, der aufgrund des christlichen Einflusses in jüngerer Zeit Knecht Rupprecht bzw. Odin in einer seiner vielen Verkleidungen ersetzte. Gleichen Ursprungs sind die sog. Klausensteine, Klauswecken und Klosahölzer. Der Ursprung des Klausenbaums wird in Süddeutschland vermutet, ähnliche Weihnachtspyramiden sind aber auch aus Friesland, den Nord- und Ostseeinseln und Schweden überliefert.

Die Herstellung eines Klausenbaums ist sehr einfach, und doch verbreitet er eine außergewöhnliche Atmosphäre. Benötigt werden 4 Äpfel, vier Kerzen und sechs Holzpflöcke. Zunächst werden die Holzpflöcke auf eine einheitliche Länge von maximal 30 Zentimetern gebracht und an beiden Seiten angespitzt.

Drei Äpfel werden mit drei Holzpflöcken zu einem liegenden Dreieck verbunden, dann werden die übrigen Pflöcke - durch den vierten Apfel zusammengehalten - schräg aufwärts gerichtet angebracht. Auf diesen obersten Apfel sowie auf die drei liegenden Verbindungsstücke werden die Kerzen gesetzt – in der Regel genügen einige Tropfen Kerzenwachs, um die notwendige Stabilität zu garantieren. Evtl. sollten die Verbindungsstäbe vorher entsprechend eingekerbt werden. Je nach Geschmack fügen wir Tannengrün oder Nüsse hinzu. Mit etwas Geschicklichkeit kann der Klausenbaum nach unten um weitere *Stockwerke* erweitert werden.

Diese einfache Konstruktion ist voll von weihnachtlicher Symbolik. Die äußere Form spielt auf den *Weltenberg* an, der nach indogermanischem Mythos in der Weltmitte steht. Kerzen, Äpfel, Nüsse und Immergrün folgen dem Bild des Weihnachtsbaumes. Die vier Seiten der Pyramide entsprechen den vier symbolischen Elementen: Feuer, Erde, Luft und Wasser - Basis der sichtbaren Wirklichkeit. Teilweise wird in den verschiedenen Pyramidenformen auch die Nachbildung alter Kulttürme gesehen, in denen das heilige Feuer brannte.

die kerze

liebe lässt uns die kerze in reinheit erkennen: andern zu leuchten gibt sie sich selbst verzehrend dahin - sterbend im zeichen für das, was den tod überwindet.
(michael bugow)

scheu und verletzlich ...

scheu und verletzlich wirkt das kleine feuer
im inneren des julleuchters, gerade so,
als ob jeder windhauch es zum erlöschen
bringen könnte.
und doch strahlt es wärme und
geborgenheit aus, gleich einem wohn-
oder herdfeuer in alter zeit.
immer kleiner wird die julkerze,
jeden tag ein stückchen,
jeden tag zaubern die
tönernen wände des leuchters
andere, längere schatten
an die wand.
am letzten tag des herbstes
aber wendet sich das blatt:
anstelle des stumpfes im inneren
thront nun eine neue schöne kerze
ganz oben auf der spitze und
taucht die umgebung in hellen glanz.
der winter ist da,
und mit ihm die wende:
der kürzeste tag des jahres
liegt hinter uns, heute nacht
ist die längste nacht.
ab morgen weicht die dunkelheit
dem licht, jeden tag ein bisschen mehr,
und wir begrüssen die neue lebenskraft der sonne
mit dieser kerze.

Der Julleuchter

Während der Abende bis zum 21. Dezember symbolisiert das spärliche Licht der Kerze im Inneren des Julleuchters das scheidende Jahr, die sterbende Sonne, die dunkle Zeit. Zur Sonnenwende wird die Kerze hervorgeholt und auf die Spitze des Leuchters gesetzt. Im Anschluß daran können der Weihnachtsbaum sowie alle vier Kerzen des Adventskranzes entzündet werden - das neue Licht ist geboren und füllt den Raum ganz aus. Später am Abend sollte die Kerze des Julleuchters durch eine neue ersetzt werden, damit der Leuchter die gesamte Nacht brennen und am nächsten Morgen gemeinsam mit der aufgehenden Sonne den Anbruch des neuen - längeren - Tages erleben kann.

Das allabendliche Entzünden des Julleuchters in der Vorweihnachtszeit ist ein gleichermaßen einfaches und schönes Ritual für die ganze Familie zu Hause, auch die Kleinsten haben viel Freude daran. Größere Vorbereitungen sind genauso wenig nötig wie der Einsatz spezieller Hilfsmittel - mit Ausnahme des Julleuchters eben. Er besteht in der Regel aus gebranntem Ton und ist mit verschiedenen Sonnensymbolen verziert. Handgefertigt entfaltet jeder Leuchter sein eigenes Schattenspiel.

Das Julleuchter-Ritual ähnelt in Ausführung und Symbolik bezüglich der Erwartung des neuen Lichts der Adventskranz-Tradition, birgt aber auch Reste kultischer Feuererneuerung - das Julfeuer im Kleinen - in sich.

Ho-he Nacht der kla-ren Ster-ne, die wie
wei-te Brük-ken stehn ü-ber ei-ner
tie-fen Fer-ne, drüber uns-re Her-zen gehn.

Worte und Weise von Hans Baumann

hohe nacht

Hohe Nacht der klaren Sterne,

die wie weite Brücken stehn

der klaren sterne

über einer tiefen Ferne,

drüber unsre Herzen gehn.

Hohe Nacht der großen Feuern,

die auf allen Bergen sind -

heut muß sich die Erd'erneuern

wie ein junggeboren Kind.

Mütter, euch sind alle Feuer,

alle Sterne aufgestellt,

Mütter, tief in euren Herzen

schlägt das Herz der weiten Welt.

Lieder...

lichtwende

Hermann Claudius & Gottfried Wolters
Kanon zu 3 Stimmen

Licht muß wieder werden nach diesen dunklen Tagen.

Laß uns nicht fragen, ob wir es sehen.

Auferstehn wird ein neues Licht.

...für die Feier am Baum oder am Feuer

zur sonnenwende

sonne, die uns leben spendet,
die uns leuchtend warme strahlen sendet.

sonne, die uns hoffnung kündet,
die uns mit dem all verbündet.

sonne, die ein schicksal wendet,
die die längste nacht beendet.

sonne! scheine tief in uns hinein!
lass uns leuchtend flamme sein!

(h. wilhelm)

Feuer

Der Feuerkult

Feuer genießt seit jeher die Ehrfurcht der Menschen. Kaum ein Element ist so gegensätzlich in seiner Wirkung, nirgendwo liegen das auf- und das abbauende Prinzip so dicht beieinander. Die magische Anziehungskraft des Feuers auf die Menschen hat viele Gründe. Feuer spendet Wärme, Licht und Leben und war lange Zeit unentbehrlich bei der Speisenzubereitung. Das Leuchtfeuer weist dem Schiff die Richtung, auch symbolisch: kein Orakel, keine Visionssuche ohne die meditative Kraft des Feuers. Faszination strahlt es aus, und Atmosphäre: freundlich und seelenwärmend ist das Spiel der Flammen. Sein Knacken und Knistern, das Kräuseln des Rauchs und das Stieben der Funken in sternklarer Nacht ziehen den Betrachter in ihren Bann - auf eine Weise, die altes Wissen zu wecken scheint, die mehr als bloße "Gemütlichkeit" bedeutet. Der "Lebensfunke" glimmt auch in unserer Mitte, erlischt er, bleibt der Tod.

Im Gegensatz dazu stehen die verzehrende Gewalt des Feuers, seine Wildheit, seine Unkontrollierbarkeit und seine zerstörerische Kraft. Der Blitz, der mit lautem Donnerkrachen vom Himmel fährt, bringt Feuer und Verwüstung. Das Feuer löst die Formen auf, selbst Farben haben keinen Bestand, am Ende ist Ruß und Schwärze. Unter der sengenden Hitze des Feuers schmilzt alles dahin, Eis wird zu Wasser und Wasser zu Dampf; Holz wird zu Asche und diese zum Opfer des Windes. Scheinbar bleibt nichts, und doch bleibt alles, nichts geht verloren. Materie wird zu Energie - Feuer ist Verwandlung, Transformation zum Urzustand. Feuer ist Reinigung, Entschlackung und Entflechtung. Feuer ist eine Urgewalt - faszinierend und furchteinflößend zugleich.

So verwundert es nicht, daß Feuer zum festen Bestandteil der Kulthandlungen aller Völker, Zeiten und Erdteile wurde. Der Feuerkult war allerdings nirgendwo ausgeprägter als in den Breiten der strengen Winter, dem Europa "zwischen dem Eis". Die Sehnsucht der Bewohner nach der lebensspendenen Sonne - gerade in den Wintermonaten - prägte die Rituale: Flammenschalen, "Ewige Feuer", Feuerwächter, Lebensleuchter, Neu- und Jahrfeuer, Feueropfer und Räucherungen sind feste Bestandteile indogermanischer Kultur.

wer je die flamme umschritt,

bliebe der flamme trabant.

wie er auch wandert und kreist,

wo noch ihr schein ihn erreicht,

irrt er zu weit nie vom ziel.

nur wo sein blick sie verlor,

eigener schimmer ihn trügt,

fehlt ihm der mitte gesetz,

treibt er zerstiebend ins all.

(stefan george)

kult

... wir stossen unsere fackeln
tief in das reisig des feuerstosses.
stimmen flüstern sich knackend zu und
weiten sich prasselnd aus,
die trommeln raunen um letzte geheimnisse.

Jul

eine heisse, unbändige gewalt löst sich
wie ein geburtsschrei von der erde und
schiesst in die weiten des himmels.
was sich in jahrtausenden aufgespeichert hat,
wird opfernd hingerissen
in das zentrum der sonne.
gleissendes feuer erhellt,
durchwärmt, verbrüdert.

lodernde glut
wir reichen uns die hände -
wintersonnenwende!
heilsamer lichtritus der ahnen ...

feuer

Das Julfeuer

Der Anfangs- und Höhepunkt der Julzeit ist das Entzünden des neuen Feuers bzw. des Julfeuers. Die wichtigsten Elemente dieses Rituals sind das Ahnengedenken und die Familien- bzw. Sippengemeinschaft. Das Julfeuer ist auch Sinnbild des ewigen Herdfeuers, welches in alter Zeit das ganze Jahr hindurch am Brennen gehalten und nur zu außergewöhnlichen Anlässen gelöscht wurde. Vor allem aber steht das Julfeuer für den Lauf der Sonne, die im Winter "stirbt" um sogleich wieder neu geboren zu werden. So löschen wir zu Weihnachten symbolisch die Feuer des alten Jahres und entfachen sie neu. Das Julfeuer folgt dem Lauf der Sonne, sein "Durchgang durch den Tod als Wiedergeburt" ist die Gewähr seiner Ewigkeit.

Vorrichtung zum rituellen Entzünden des Neufeuers.

Von einem Scheit
wird das andere entzündet,
vom Feuer wird Feuer gezeugt.

EDDA

Der Bau des Feuerstoßes erfordert einige Erfahrung und nicht jeder Stoß brennt so, wie es sich seine Erbauer gewünscht hätten. Neben dem klassischen Kegelfeuer eignet sich für das Julfest besonders der Feuerturm, dessen Aufbau allerdings ein sehr sorgfältiges Arbeiten erfordert: In das Innere des Turmes wird ein langer großer Baum gestellt, um ihn herum im Quadrat unterarmdicke Stämme, nach oben immer kürzer werdend. Die Freiräume werden mit Reisig, dünnen Ästen und Stroh ausgestopft. Zur Befestigung der Stämme verwenden wir Schnüre oder Hanfseile, denn Nägel würden nicht verbrennen und könnten nachträglich große Schäden (z.B. beim Weidevieh) anrichten. Idealerweise wird das Julfeuer um einen kräftigen Wurzelstock aus Hartholz herum aufgebaut, damit - auch wenn das Holz des Feuerstoßes weggebrannt ist - der Stumpf glimmend und glühend den jungen Morgen begrüßt.

Ein solcher "Julblock" ist später auch bei häuslichen Weihnachtsfeiern belegt. Vor allem in Süd- und Mitteldeutschland wurde ein ganzer Baumstamm am Weihnachtsabend feierlich ins Haus gebracht und mit einem Ende in den offenen Herd plaziert. Das andere Ende, das weit in die Stube hineinragte, ruhte auf einem Bock. Der "Weihnachtsblock" wurde langsam nachgeschoben und brannte so die ganze Nacht hindurch. Seine Asche wurde noch am folgenden Abend über die Felder ausgestreut, um Wachstum und Fruchtbarkeit zu erwirken. Über dem Herd wurden außerdem Feldfrüchte und Wein als Opferbitte für ein fruchtbares Jahr ausgebracht, ein schöner Brauch, der von der Kirche im Jahre 580 als einer von vielen "Teufelsdiensten" verboten wurde.

Ein großer Holzbock kann zum feurigen Türwächter werden, in dem er zunächst von oben kreuzförmig eingesägt und dann von den Seiten noch mit zwei Lüftungslöchern versehen wird. Anschließend werden Baumharz oder eine andere brennbare Flüssigkeit hinein gegeben, und es entsteht ein stundenlanges schaurig-schönes Schauspiel.

Met – Julbier – selbst gemacht

- Geräte: Gärballon mit Gäraufsatz
- 3,5 kg Bienenhonig
- 7 l Wasser
- 30 g 80%ige Milchsäure
- 4 Tabletten Hefenährsalz
- Hefekultur (Portwein)
- 10 g Weizen- oder Roggenmehl
- 10-15% reiner Fruchtsaft (am besten frisch gepreßt)
- Gärtemperatur: 18-25 Grad Celsius

Zubereitung: Der Honig wird im Wasserbad auf maximal 50 Grad Celsius erwärmt, ebenso das Wasser. Den Honig läßt man nun unter langsamen Rühren in das warme Wasser einfließen. Hat sich der Honig im Wasser vollständig aufgelöst, lassen wir die Mischung auf Zimmertemperatur erkalten. Jetzt erfolgt die Zugabe der Milchsäure, des Hefenährsalzes und der Hefekultur. Das Mehl ersetzt die bei der Honiggärung fehlenden, aber sehr wichtigen Trübstoffe. Die Zugabe von Fruchsaft führt weitere Trübstoffe zu und verbessert sowohl die Gärung als auch den Geschmack, der eindeutig fruchtiger wird und an Süße verliert. Der Gärungsprozeß von Met zieht sich über mehrere Wochen hin. Wir können diesen Prozeß unterstützen, indem wir den Inhalt des Ballons täglich einmal kräftig durcheinanderschütteln. Manche Metbrauer sind davon überzeugt, daß der Geschmack des Metes erheblich verbessert wird, wenn man vor dem Schließen des Gärballons dem Beispiel der Götter folgt und kräftig in das Honigwasser spuckt. Skål!

Jul ...

.. denn Feuer muß

in dunkler zeit
die flamme spricht.
vergiss dein leid!
es siegt das licht!

brennen!

trotz der dunkelheit sind
im widerschein des feuers
deutlich die vor anstren-
gung weit geöffneten augen
zu sehen.
die wangen spannen sich,
die arme zittern unter der
auferlegten last. so scheint
der junge mann einige
endlose sekunden zu ver-
harren. unterbrochen nur
von hastigem schlucken,
bevor der druck im inneren
des gestemmten fasses die
oberhand gewinnt.
unter dem lauten gejohle
der kameraden ergiessen
sich einige liter süssen mets
über kopf und oberkörper
des probanden. doch er
scheint darüber nicht
unglücklich zu sein.
hatte man eigentlich nur
den zapfhahn vergessen
oder war dies die übliche
art und weise, das julbier zu
geniessen?
in dieser wilden schar
scheint zweites der fall zu
sein. will man aus der begeisterung schliessen, mit
welcher der rest der gruppe dem beispiel folgt...

Jultrunk

Der feuchtfröhliche Anstich des Julbier-Fasses ist der Höhepunkt einer urwüchsigen Wintersonnwend-Feier, wie man sie heutzutage nicht mehr allzu häufig findet. Vorausgegangen war der gemeinsame Aufbau des Festplatzes mit dem traditionellen Feuerstoß in der Mitte. Es ist ein herrliches Erlebnis, wenn man am Abend die Früchte der gemeinsamen Arbeit genießen kann. Erde, Schweiß und Blut sind die Stoffe, aus denen Freundschaften physisch wachsen. Dazu der Austausch der Gedanken, die um die gleichen Themen kreisen – hier entsteht ein Zusammengehörigkeitsgefühl jenseits des reinen Konsums.

eine gemeinschaft
ist nicht die summe von interessen,
sondern die summe an hingabe.

[antoine de saint exupéry]

Die

vierzehn menschen in einem erdloch,
geflochtene zweige und decken über
dem kopf, glühende steine in der
mitte. weihnachten, eine schwitzhütte zur ehrung des alten und zur
begrüssung des neuen.
stein um stein reichte der
feuermann hinein.
so steigerten wir uns –
trommelnd, singend und
schliesslich brüllend bis
zur totalen erschöpfung.
nicht einer, der
- nackt wie wir waren -
beim hinauskriechen notiz
genommen hätte von der
klirrenden kälte
rundherum.
an die zwanzig grad
unter null müssen
es gewesen sein,
und dort lag ein gutes
dutzend dampfender
körper im schnee - unter
dem klarsten und schönsten
sternenhimmel, den dieser
winter zu bieten hatte...

Nacht im Freien

Die Nacht im Freien...

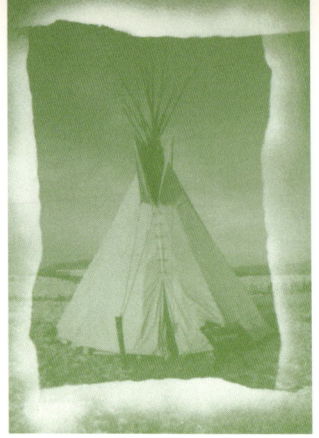

Träumte ich noch oder war ich schon wach? War dies Vision oder Realität? Noch einmal zog ich den Kopf ins düstere Innere des großen Rundzeltes zurück, rieb ich mir die Augen und starrte dann wieder zum stahlblauen Himmel. Nein – kein Zweifel, dort oben zog ein Milan einsam seine Runden, direkt über der Feuerstelle, vielleicht fünfzig Meter hoch. Kein Flügelschlag, nicht mal ein leises Zittern verriet das Geheimnis seines Fluges. Auch sonst war kein Laut, keine Bewegung zu vernehmen.

Es war vielleicht 8 Uhr früh, 22. Dezember. Alles Land um unseren Hügel herum lag unter einer dichten Schneedecke, Bäume und Sträucher waren eingebacken in Rauhreif, in Schönheit erstarrt. Ich war der erste, den die kalte Wintersonne, die in bizarren Mustern durch die löchrigen Zeltbahnen einfiel, aus dem Schlaf gekitzelt hatte. Und dann dieser Milan. Die Schwitzhütte vom Vorabend steckte mir noch in den Knochen, ein fast körperloses Gefühl, welches die Kraft des Eindrucks noch verstärkte.

Neben mir regte sich eines der Kinder, und mit der Berührung kam auch die Erinnerung zurück: Vierzehn Menschen in einem Erdloch, geflochtene Zweige und Decken über dem Kopf, glühende Steine in der Mitte. Weihnachten, eine Schwitzhütte zur Ehrung des Alten und zur Begrüßung des Neuen. Stein um Stein reichte der Feuermann hinein, und niemand wollte aufhören in der letzten Runde. So steigerten wir uns – Wasserkelle um Wasserkelle – trommelnd, singend und schließlich brüllend bis zur totalen Erschöpfung. Nicht einer, der - nackt wie wir waren - beim Hinauskriechen Notiz genommen hätte von der klirrenden Kälte rundherum. An die zwanzig Grad unter Null müssen es gewesen sein, und dort lag ein gutes Dutzend dampfender Körper im Schnee - unter dem klarsten und schönsten Sternenhimmel, den dieser Winter zu bieten hatte.

Erst lange Minuten später regten sich die ersten, schauten gedankenverloren umher und begannen langsam, an ihren Handtüchern und Anziehsachen zu nesteln. Später versammelten sich alle um das herabbrennende Julfeuer, immer noch sprachlos, erschöpft. Wir aßen und tranken gemeinsam – die erste Mahlzeit an diesem Tage – und versuchten, das Erlebte zu ordnen, in Worte zu fassen: der gemeinsame Vormittag im Wald, mit Äxten und Sägen bewaffnet. Brennholz wurde herbeigeschafft, viel Brennholz, und außerdem Weidenruten und

Steine für die Schwitzhütte. Decken und Paletten schleppen, Schneeschieben, Zelt- und Feueraufbau, die Vorbereitung der Speisen und Getränke usw. – der Tag verging im Fluge, in fröhlicher Gemeinschaft. Dann das feierliche Entzünden des Feuers, überall Fackeln und Kerzen, die Kranzübergaben, Reden, Singen, Tanzen. Erst spät am Abend, als das Feuer bereits niedergebrannt und die Kinder zu Bett gegangen waren, der Höhepunkt der Zeremonie, die Schwitzhütte. Und nun saßen wir hier, losgelöst, befreit und langsam aber sicher auch wieder durstig und hungrig. Reichlich floß der Met und oft wurden die Fleischschüsseln herumgegeben, bis uns schließlich die Müdigkeit übermannte.

Selbstverständlich würden wir die Nacht im Freien verbringen, auf Holzpaletten mit Schlafsack und Zelt zwar, aber doch draußen, die junge Sonne zu begrüßen. Alle zusammen und dennoch jeder alleine mit seinen Gedanken und der winterlichen Natur. Als es dann so weit war und jeder sich in sein Eckchen kuschelte, da dauerte es nur noch Minuten, bis nur noch sonores Atmen unsere Anwesenheit verriet.

Der neue Morgen war da. Ich schaute aus dem Zelt und wußte: ab heute würde die Sonne, die dort hinten im Osten ihre ersten Strahlen über die Hügelkuppe schickte, jeden Tag ein wenig länger scheinen und schließlich ganz die Oberhand gewinnen, bevor sie in ihrem Jahreslauf erneut Platz machen würde für die Dunkelheit. Und da war er immer noch, der Milan. Unvorstellbar, daß er irgend etwas fangen würde bei der Kälte. Vielleicht war er wirklich meinetwegen gekommen! Ich jedenfalls sehe ihn seitdem mit anderen Augen ...

Das Austreiben

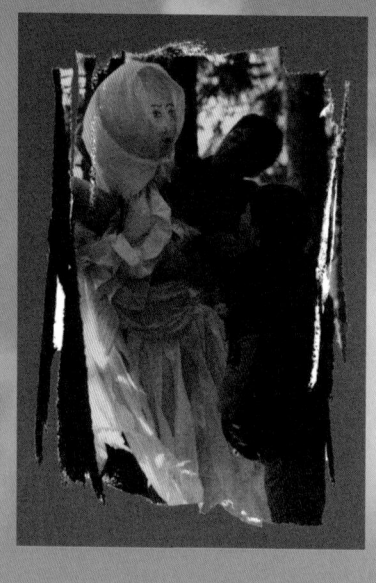

des Winters

ein mysterienspiel

ꝺer winter verbrennt...

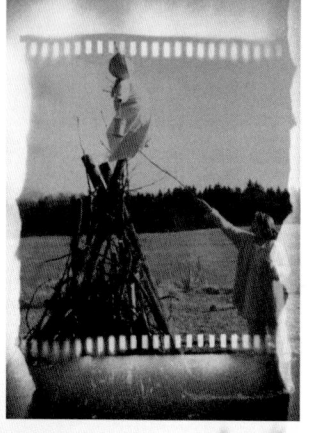

...unꝺ

Das Winteraustreiben am Ende der Dunklen Zeit

Das Jahr ist noch jung. Winterkräfte – dunkle, rauhe und kalte Wesen – lassen dem milden, hellen und heilen Frühling noch keine ungestörte Entwicklung. In dieser Zeit versuchen wir in der rituellen Darstellung, das Dunkle zu überwinden und den Einzug des Lichts zu feiern.

Die Jungen als perchtenartige Wesen tragen den Winter als Strohpuppe zum aufgeschichteten Holzstoß. Dem Zug folgen die Mädchen als holde Frühlingsfeen in hellen Gewändern und Blumenkränzen. Das Feuer wird entzündet und mit Rasseln, Klappern und Lärmen alles Gefährliche vertrieben. Zum Zeichen der Erneuerung werden welke Grasbüschel ins Feuer geworfen, mit ihnen verbrennen für alle sichtbar auch die schlechten Eigenschaften und Zerwürfnisse der Feiernden. Auch der von seiner Form befreite Winter kann nun verwandelt wirksam werden.

der frühling wird wachgetanzt

GEFLOCHTENE ÄSTE VON HASEL, EFEU, BUCHS-
BAUM, ABER AUCH KLEINERE SINNGEBÄCKE
SOWIE EIER UND ÄPFEL SIND BESTANDTEILE
DES FRÜHLINGSBAUMS, DER DEM TANZ UM
DIE HEILIGE FRÜHLINGSMITTE
VORANGETRAGEN WIRD.

Die Rituale zum Winteraustreiben finden gewöhnlich Anfang Februar statt - mit dem Lichtmeß-Fest in der Mitte des Winters. Den Sagen und Mythen nach wird am 2. Februar der heiligen Bridgit aus Irland gedacht, welche die Gabe hatte, das Unsichtbare ins Sichtbare zu wandeln, so wie es momentan auch um uns herum geschieht. Die Tage wachsen stetig, die Sonne scheint schon merklich länger. Das Aufkeimen der Natur, das Erwachen der Frühlingskräfte bedeuten auch für den Menschen den Beginn seiner schöpferischen Phase. Die dunkle Zeit, die mit dem Allerseelen-Fest Anfang November begonnen hatte, endet jetzt. Überall macht Aktivität sich breit, es ist die Zeit der Umzüge und Prozessionen. Auch Fasching gehört dazu.

Ein besonders schöner Lichtmeß-Brauch sind die mehr oder weniger großen Kerzenkreise, die aus den Kerzenresten der dunklen Zeit hergestellt werden - das Alte geht ein in das Neue. Ob mit ein paar Dutzend Kerzen auf dem Wohnzimmertisch oder einigen Hundert nachts auf einer verschneiten Wiese - wie auf unserem Titelbild - stets verbreitet der Lichterkreis eine behagliche und sinnliche Atmosphäre.

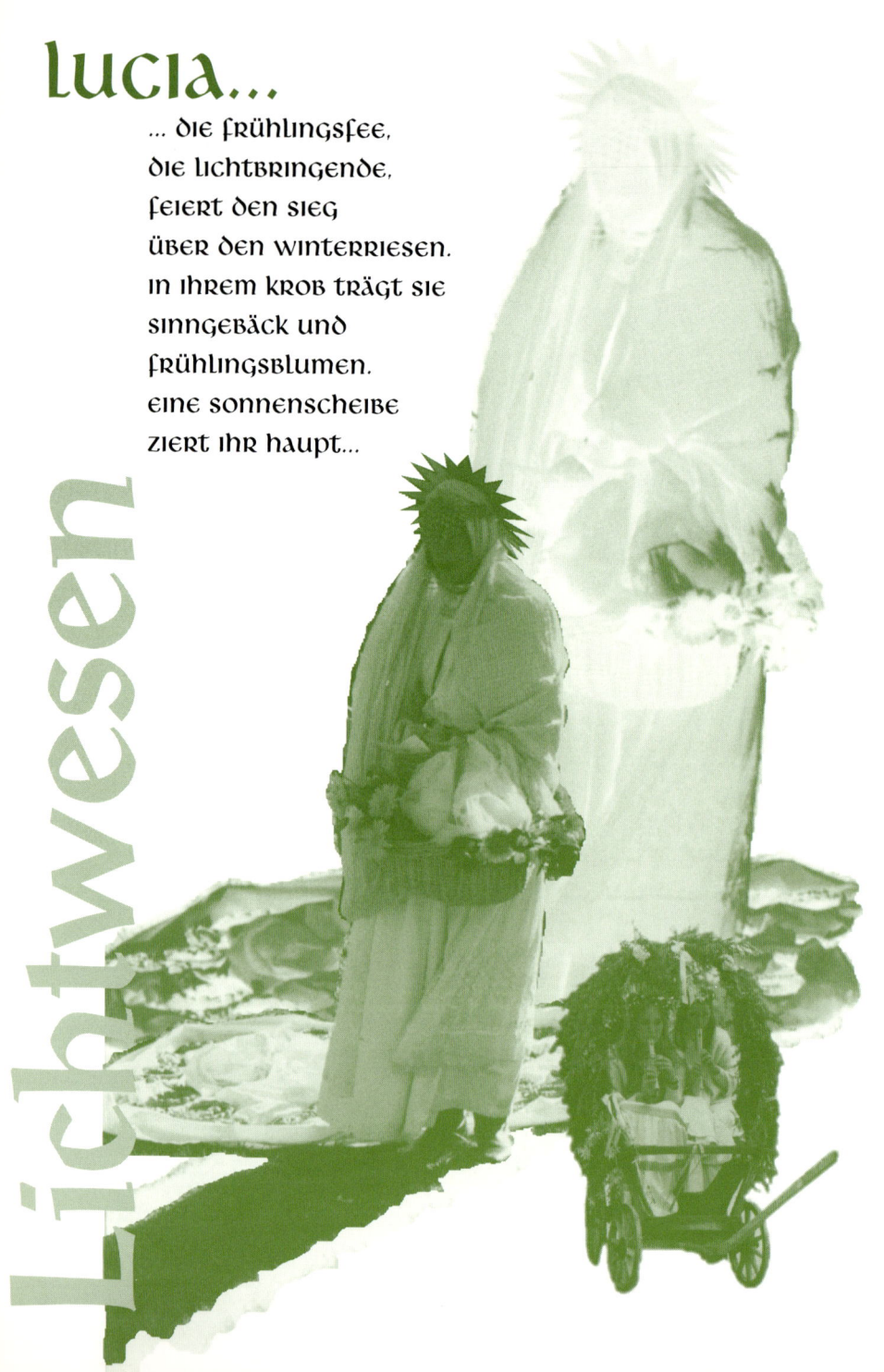

lucia...

... die frühlingsfee,
die lichtbringende,
feiert den sieg
über den winterriesen.
in ihrem krob trägt sie
sinngebäck und
frühlingsblumen.
eine sonnenscheibe
ziert ihr haupt...

Lichtwesen

Der Winterriese - ein Mysterienspiel

Bei meinem letzten Spaziergang habe ich eine schreckliche Entdeckung gemacht: Ich sah riesige Fußtritte auf dem aufgeweichten Waldweg. Das kann nur bedeuten, daß sich ein Winterriese bis in unsere Nähe herangeschlichen hat. Er lauert uns auf und möchte unser Fest stören und den Einzug unserer lieben Frühlingsfee mit all ihren helfenden Wesen verhindern. Und er hält ein teures Pfand in seinem Besitz, das heilige Sonnenzeichen. Der böse Riese hat es gut versteckt, und nur, wenn es uns gelingt, das Sonnenzeichen zu finden, können wir die Macht des Winterdämons brechen. Seid Ihr bereit, dieses Abenteuer zu wagen? Gut, dann hört die Bedingungen:

- Ihr müßt immer alle zusammen bleiben, jeder Ältere nimmt einen Jüngeren zu dessen Schutz an die Hand.

- Gute Geister helfen Euch und geben Euch Zeichen. Achtet deshalb links und rechts des Weges auf jede Kleinigkeit.

- An der nächsten Lichtung werdet Ihr einen schönen Wegproviant finden. Bis hierher haben sich die Frühlingsboten vorgewagt, um Euch im Kampf gegen den Riesen zu unterstützen. Sie danken damit für das Gebäck, das Ihr im Winter zu ihrer Stärkung geopfert habt. Laßt es Euch schmecken, bevor Ihr weiter das Sonnenzeichen sucht.

- Den Rest des Weges müßt Ihr fröhlich singend zurücklegen, denn nur so könnt Ihr die bösen Winterkräfte vertreiben, die überall in den Büschen lauern, um die geheimen Lager des Winterriesens zu beschützen.

- Wenn Ihr weiter den Zeichen der Frühlingsgeister folgt, werdet Ihr einen Haufen von Baumstämmen finden. Das sind die Waffen vom Winterriesen, er bewahrt sie dort auf. Hier hat er auch das Sonnenzeichen versteckt. Sucht es schnell. Das Kind, das es findet, darf es auf dem Nachhauseweg tragen.

- Mit dem Rückweg müßt Ihr Euch beeilen, denn mit der ersten Abenddämmerung wird der Winterriese in sein Lager zurückkehren und sicher den Verlust bemerken. Also lauft, so schnell Ihr könnt. Aber nicht vergessen: Ihr müßt weiter alle zusammen bleiben, die Großen vorne und hinten, die Kleinen in der Mitte.

Sobald Ihr zu Hause seid, wird das Sonnenzeichen in der Wohnung aufgehängt, wo es vor dem Riesen sicher ist. Dann bleibt ihm nichts anderes übrig, als sich zurückzuziehen und dem Frühling das Feld zu überlassen. Wir setzen uns dann alle zusammen zu Tee und Gebäck und feiern den gemeinsamen Sieg. Ganz sicher wird der Winterriese es aber nächstes Jahr wieder versuchen...

YGGDRASIL

anfang und ende bin ich und die zeit,
die seele, die den raum durchwebt,
das aufwärts, das im sonnenhimmel bebt,
und tiefe, welche nächte weiht.

ich bin der tau, der in die täler fällt,
das atmen, das durch die gräser weht.
mein weg ist kurz und lang: ein wanderer geht
sein leben lang, durch traum und welt.

ich bin ein brunnen, der beständig fliesst,
ein hohes meer, das nordwärts rauscht.
ich bin ein baum, der in den urgrund lauscht,
ein wald, der seine runen liest.

mein antlitz schaut ins all, versteint und still
dem wandel der gezeiten feind.
der hauch bin ich, der niemals tot erscheint,
ich bin das ich von yggdrasil.

[REINDER SOMMERBURG]

die weltenesche

Der Baumkult

Der Baum ragt zum Himmel, nach oben, zum Licht, zur Sonne. Seine Wurzeln sind im Erdreich, in der Tiefe, im Finsteren verankert. Beides gehört wesentlich zum Baum dazu. Was wir vom Baum sehen, ist nur ein Teil, die Wurzeln müssen verborgen sein, soll der Baum nicht verdorren. Der Baum ist lebendige Verbindung zwischen Himmel und Erde, er ist Botschafter zwischen Mensch und Kosmos, Brücke zwischen Körper und Geist. Der Lebenslauf des Baumes über die Jahreszeiten offenbart in überwältigender Weise das Wesen des ewigen Werden, Sein und Vergehen und Wiederwerden. Der Wald ist das große Symbol der *gärenden Gleichzeitigkeit*, des ewigen *Stirb und Werde*, wunderbare Hymne der zeitlich gleichen Prozesse des Gebärens und des Zurücksinkens. Der Wald ist Sinnbild des Lebens. In ihm fließen die Leben der Vielen zusammen, gleich den Ästen und den Blättern eines Baumes bilden die Stämme der Bäume eine lebendige Gemeinschaft.

In allen Kulturen und den meisten religiösen Systemen taucht der Baum als Symbol- und Hoffnungsträger auf. Wieviel Tugenden und Laster, wieviel Lebenserfahrung, wieviel Werte und Sittlichkeit, wieviele Gesetzmäßigkeiten hat man in ihn nicht hineingelegt! Seine symbolische Kraft reicht über den Menschen hinaus auch für seine Gemeinschaften, Völker und Kulturen. Der Baum war und ist immer positives Vorbild für heidnisches Denken und An-Schauung. Er ist Sinnbild für Beständigkeit, Mäßigung, Geduld, Zuverlässigkeit (jährlicher Fruchtertrag), Erziehung, Wachstum, Reife, Verantwortung der Generationenfolge und Opfersinn (Feuerholz). Der winterliche Baum ist Mahnung an den Tod als Übergangsstadium des kreisenden Lebens.

So finden wir auch heute noch zahlreiche Beispiele für die Omnipotenz des Baumes, als da wären: Weltenbaum, Lebensbaum, Stammbaum, Hochzeitsbaum, Weihnachtsbaum, Lichterbaum, Maibaum, Richtfestbaum, Mittsommerbaum, Johannisbaum, Tanzbaum u.v.a.m, nicht zu vergessen die Heiligen Haine der Kelten, die Baumreligion der Indianer usw. Auch in der Gegenwart entstehen neue Baumsymbole, so z.B. der Gräberbaum zu Ehren eines Toten oder der sog. "Baum für alle", der als Festzeichen an einem zentralen Platz aufgestellt wird, der früheste bekannte Beleg hierfür stammt aus dem Madison Square Garden in New York von 1912.

Deutlich zu unterscheiden ist die heidnische Baumsicht vom biblischen Baum des Lebens: Der Paradiesbaum verheißt durch den Genuß seiner Früchte ein individuelles ewiges Leben, ohne die Notwendigkeit des Todes. Seine Gabe ist in diesem Sinne materialistisch. Ab dem Zeitpunkt der Vertreibung aus dem

Paradies unterliegt der Mensch den Gesetzen des natürlichen Lebens, die aus christlicher Sicht amoralisch und unmenschlich sind. So strebt der Christ zurück zum paradiesischen Urzustand jenseits von Natur und Logik. Der heidnische Lebensbaum dagegen ist Sinnbild der Lebensewigkeit, des kosmischen Lebensgesetzes. Der heidnische Mensch erstrebt die Unsterblichkeit nicht im christlich-individuellen Sinn, sondern begreift den individuellen Tod als Notwendigkeit zur Aufrechterhaltung des Lebens.

Die Vollendung jedes Daseins ist eine Rückkehr zu seinem Beginn, und in jeder Entfernung von dem Ausgangspunkt liegt zugleich eine Wiederannäherung an denselben. Zwei Richtungen sind in ebenso unerklärlicher Weise miteinander verbunden wie die zwei Kräfte selbst, denen sie entsprechen. Das Resultat ihrer kombinierten Kraft ist der Kreislauf, in welchem sich alles Leben ewig bewegt. (Johann Bachofen)

Jedes Herz schlägt höher beim Anblick eines alten Baumes. Der Baum als Lebewesen ist ein wunderbares System, das uns immer mehr Fragen aufwirft, je mehr wir uns damit befassen. Das Aufwärtsfließen des Wassers, das Wirken der Wurzeln und vieles mehr. Und trotz der Beantwortung vieler Fragen bleiben dennoch viele Dinge unbeantwortet - sie bleiben das Geheimnis des Baumes.

bäume sind heiligtümer.
wer mit ihnen zu sprechen,
wer ihnen zuzuhören weiss,
der erfährt die wahrheit.
sie predigen nicht lehren und rezepte,
sie predigen, um das einzelne unbekümmert,
das urgesetz des lebens.
ein baum spricht:
in mir ist ein kern, ein funke, ein gedanke verborgen,
ich bin leben vom ewigen leben.
einmalig ist der versuch und wurf,
den die ewige mutter mit mir gewagt hat,
einmalig ist meine gestalt und das geäder meiner haut,
einmalig ist das kleinste blätterspiel meines wipfels
und die kleinste narbe meiner rinde.
mein amt ist es, im ausgeprägten einmaligen
das ewige zu gestalten und zu zeigen.

(hermann hesse)

Weihnachtsopfer im Wald

Das Leben mit der Natur besteht aus Geben und Nehmen. Letzteres tun wir das ganze Jahr über sehr ausgiebig. Weihnachten ist eine gute Gelegenheit, sich auch des Gebens zu erinnern, nicht nur an die Verwandten und Bekannten, sondern – symbolisch - auch an die Natur. Gehen wir also in den Wald und übergeben wir den Bäumen unsere guten Wünsche für das nächste Jahr, um so mehr werden wir selbst uns über das Erhaltene freuen können.

Nach ein paar Minuten des Umherwanderns in der Stille werden wir genau wissen, welcher der Bäume denn diesmal unser weihnachtlicher Gefährte sein wird. Evtl. ist es notwendig, den Geist des Baumes aufzuwecken, denn im Winter schläft er tief und fest. Wir klopfen liebevoll an den Stamm des Baumes und befreien seine Rinde von Schnee und Eis. Ein schönes Lied hört auch der Baum sicher gerne, genauso wie die fröhlichen Stimmen von Kindern, die sich ihm ganz natürlich und unbefangen nähern.

Dann bekommt der Baum seine Geschenke: Salzgebäck und Brot werden in die Äste gehängt, auch Schmuck, denn die meisten Bäume sind ein wenig eitel. Besonders Strohsterne, Äpfel und Nüsse gefallen ihm sehr. Freundlich, wie der Baum nun einmal ist, wird er seine Gaben später mit den anderen Bewohnern des Waldes teilen – uns soll es recht sein. Wir prosten dem Baum ein letztes Mal zu und denken daran, auch ihm einen Schluck vom Julbier abzugeben – über die Wurzeln gegossen hat er es am liebsten. Dann verlassen wir den Wald in dem Wissen, einen starken Verbündeten für das nächste Jahr gefunden zu haben, der uns zu einer *guten Ernte* in allen Lebenslagen verhelfen wird.

Vielleicht gelingt es uns ja sogar, ein kleines bißchen von seiner Kraft, seiner Ausdauer, seiner Geduld, seiner Zufriedenheit, seiner Weisheit und seiner edlen Bescheidenheit mitzunehmen - anbieten tut uns der Baum dies jedesmal.

wärme scheidet das licht der kerze
von den anderen lichtern,
die unerbittlich gerecht
das gute und böse entdecken.
sie schmückt die welt
barmherzig mit goldenem glanz.

(michael bugow)

1. Es ru - hen al - le Wäl - der, es
schläft die gan - ze Welt, das Le - ben at - met
lei - fer wohl un - term Ster - nen - zelt.

Es ruhen alle Wälder,

es schläft die ganze Welt,

das Leben atmet leiser

wohl unterm Sternenzelt.

Der Schoß der Mutter Erde

bereitet neue Tat.

Das Licht der hellen Sonne

die Nacht vertrieben hat.

Nun wandern wir zum Frühling

ins neue Jahr hinein!

Oh Licht des neuen Lebens,

stärk uns mit deinem Schein!

Worte: Marga Erler; Weise: Fritz Michael

96

Ein Jahr muß nun vergehen
in alle Welt verschneit
und wird doch bald erstehen,
hoch über alle Zeit.

1. Ein Jahr muß nun ver - ge - hen in
al - le Welt ver - schneit und wird doch bald er - ste - hen, und
wird doch bald er - ste - hen hoch ü - ber al - le Zeit.

Das alte Jahr muß bringen
sein Licht dem jungen Jahr,
doch seine Sterne springen
am ganzen Himmel gar.
Ein Jahr wird nun verloren
in unsrer Erde Schoß,
wird neu und jung geboren
und leuchtet, leuchtet groß.

Worte und Weise von Hans Baumann

97

Die Lebensrute

Ruten spielen eine tragende Rolle in den Fruchtbarkeitsritualen der Völker. In Süddeutschland bekannt ist noch heute der Brauch des Scheibenschlagens, zumeist als Brautwerbung oder zum Zwecke eines allgemeinen Fruchtbarkeitssegens.

Beim Berühren mit der Rute soll die Lebenskraft des Baumes, die sich in den Knospen oder Trieben zeigt, auf den Menschen übertragen werden. Die spätere christliche Variante – abstrakter und naturferner - ist das Segnen durch Handauflegen. Besonders in der Weihnachtszeit ist das "Umgehen" mit der Rute weit verbreitet. Die Gaben, die an die Schlagenden ausgeteilt wurden, mögen ursprünglich als Dank für die empfangene Wohltat gedacht gewesen sein, wie das "Botenbrot" für den Überbringer günstiger Nachrichten. Später hat die christliche Kirche die Beschenkung als einen Akt der Nächstenliebe im Sinne von "Fremdenliebe" umgedeutet und das Lebensrutenschlagen auf den "Tag der unschuldigen Kinder" verlegt mit der Intention, die Kinder rächten sich an diesem Tage symbolisch für die erlittenen Qualen durch Herodes' Mordbefehl. Tatsächlich hatte der uralte Brauch des Rutenschlagens nichts mit dieser Begebenheit zu tun.

Auch der Rutenschlag des Nikolaus ist ursprünglich nicht strafend, sondern fruchtbarmachend gemeint. In der Fastnachtszeit, dem wilden Fruchtbarkeitsfest zum Ende des Winters, taucht die Rute ebenfalls auf: als "Narrenpeitsche" , ähnlich dem Fächer des Kasperls. Ebenso ist die "Martinsgerte" eine abgewandelte Lebensrute. In manchen Gebieten Deutschlands erhält an Ostern der mit Eiern – als Symbol des keimenden, immer wiederkehrenden Lebens – Beschenkte gleichzeitig einen Schlag mit der Lebensrute.

Im deutschen Märchen "Die drei Brüder und der Hüne" wird einem der Brüder verraten, daß er die abgeschlagenen Köpfe seiner beiden Geschwister mit einem Ei am Hals bestreichen und dann mit einer Rute darüber schlagen müsse, damit sie wieder lebendig würden. In Island ist die Legende verbreitet, daß in der Neujahrsnacht die Lebenden von den Toten besucht würden. Diese Julgeister wurden gastlich empfangen, man stellte ihnen Essen und Betten bereit und schlief selbst auf dem Julstroh. Am folgenden Morgen wurde mit Birkenreisern – Lebensruten – jeder Winkel im Haus ausgeschlagen, um die Seelen zu vertreiben.

Ähnliche Bräuche sind in vielen anderen Völkern auch überliefert. Selbst die Wünschelrute, der durch irische Mönche bekannt gewordene Krummstab, ist ursprünglich auf die druidische Lebensrute zurückzuführen.

Im Julbogen begegnet uns die Symbolik der Lebensrute wieder. Dieser Julbogen hier verzichtet vollends auf die Darstellung von Personen, sondern besticht durch die Reduzierung auf Bogen/Rute und Sonnensymbole in Form von Sinngebäck und goldenen Äpfeln.

Der Nikolaus

Der geschichtliche Nikolaus, Bischof Nikolaus von Myra, lebte wahrscheinlich im 4. Jahrhundert in Kleinasien. Er war ein scharfer Bekämpfer germanischer Identität, die Legende berichtet aber auch von seiner Mildtätigkeit und Güte, mit der er angeblich Wunder wirkte. Diesseits der Alpen wurden ihm allein zwischen dem 11. und 16. Jahrhundert mehr als 2000 Kirchen erbaut, zum größten Teil auf den alten Kultplätzen der Germanen. Mit der Hansa und entlang der verschiedenen Handelswege strahlte seine Verehrung bis Island und weit in den Osten hinein aus. Dabei wirkte wahrscheinlich auch sein Patronat über die See- und Kaufleute mit.

100

Dennoch ist die außergewöhnliche Rolle, welche der Nikolaus im Volksbrauch spielt, nicht allein aus dieser Identität zu erklären. Es spricht vieles dafür, daß er auch Traditionsträger eines älteren Brauchtums wurde, welches unter seinem Namen weiterlebte. Die Nikolausfeier wurde erst nachträglich von den Christen auf den 6. Dezember gelegt. Die Wurzeln des Nikolaus-Brauches sind weit vorher zu suchen. Die keltischen Druiden beispielsweise gingen in der Weihnachtszeit von Haus zu Haus, um die während der Sommermonate gesammelten und getrockneten Heilkräuter, Beeren und Wurzeln sowie Nachrichten aus den umliegenden Gemeinschaften gegen eine Mahlzeit und einen Platz zum Schlafen einzutauschen. Diese Druiden trugen mehrheitlich graue oder weiße Bärte, rote Mäntel, eine Birkenrute und Säcke zum Transport der Tauschgegenstände. Oft kam der Druide in Begleitung eines Lehrlings, der ihm zur Hand gehen und vielleicht sein Nachfolger werden konnte. Sicherlich bediente sich der Druide in Schneegebieten auch eines Schlittens mitsamt eines geeigneten Zugtieres.

Dieser Brauch lebte in der Legende vom Nikolaus weiter, seine Begleiter bekamen im Laufe der Zeit je nach Region verschiedene Namen wie z.B. Knecht Ruprecht, Bartl, Hans Muff und Hans Trapp, Butzenbercht, Pelznikkel und Krampus. Fast immer verbergen sich dahinter heidnische Gottheiten. Hans z.B. ist auf Ans bzw. Ase (Odin) zurückzuführen, Ruprecht leitet sich ab aus "hruodpercht", dem Glänzenden und Prächtigen. Während der Nikolaus bei der christlichen Umdeutung seinen gutmütigen und freigiebigen Charakter prinzipiell behielt, wurden seine Begleiter vom christlich beeinflußten Volksglauben allmählich zu Kinderschrecks deformiert. Auch der Krummstab des Nikolaus', seine Rute "für die unartigen Kinder" ist ebenfalls eine Umkehrung des ursprünglichen Sinnes. Der Schlag mit dem Lebenszweig galt von alters her nicht strafend, sondern fruchtbarkeitsfördernd.

Perchten, Masken und Wildes Treiben

Vor allem im süddeutschen und alpinen Raum wird am 6. Januar das Fest der "Heiligen Drei Könige" – Kaspar, Melchior und Baltarsar – gefeiert. Deren Namensinsignien K-M-B, wie man sie in den Segenssprüchen an manch alter Hauswand findet, sind identisch mit den heiligen drei Frauen Katharina, Margaret und Barbara, die christliche Version der drei Nornen. Die Nornen waren in der germanischen Mythologie die Vollstrecker des Schicksals, Symbol für Vergangenheit, Gegenwart und Zukunft. In ihnen lagen Anfang und Ende, Aufblühen und Verblühen, die Grenzen allen Lebens verschlossen, sie existierten von Anbeginn an und standen noch über den Göttern.

Die drei Nornen zeigen deutlich den Sinngehalt der Zeit nach Weihnachten, dem Fest der Lichtgeburt. Das Leben pulsiert noch im Verborgenen, die große Göttin Hel – Holla, Berchta, Percht – hütet es in ihrem unterirdischen Reich. Hier herrschen Dunkles und Helles nebeneinander. Frau Percht erscheint doppelgesichtig, in häßlicher Fratze vorderseits und leuchtend in Sonnengestalt am Hinterkopf. Die Janusköpfigkeit der Erdgöttin - gefahrbringend und segenspendend – symbolisiert exakt den Übergangscharakter der Julzeit. Frau Percht tanzt und dreht sich im Kreis und verlebendigt dabei beide Seiten. Ihre Begleiter sind "schiache" Perchten, fürchterliche Gestalten, welche die feindlichen Kräfte verkörpern. Diese Wesen durchgeistern bereits seit Wochen die dunkle Zeit, ob als Kramperl mit dem Nikolaus, im Gefolge des Schimmelreiters oder als "Klöpflesänger" in Wotans wildem Heer. Nun – am 6. Januar – kommt Frau Percht als Mächtigste dazu. Ihre Licht-Seite bringt Hoffnung und Zuversicht auf die Bändigung und Überwindung des Chaos der Unterwelt – auch in uns. Aus Tod gebiert sich neues Leben.

... die läufer tragen
im gleichschritt
schwere kuhglocken
vor sich her ...

... später stehen sie
am marktplatz im kreis -
ein heidenlärm ...

BIMBAMBULE

... trance macht sich breit,
erste läufer brechen
erschöpft zusammen ....

Die Wurzeln des Perchtenlaufens reichen zurück in die altgermanischen Zeiten der kultischen Umzüge. Für die Perchtenläufer und Maskentänzer bedeutete das Ritual die mystische Verbundenheit mit der Welt der Ahnen. Das ekstatische Moment, die Verkleidung und das Maskentragen erlaubten dem Tänzer, in der Verwandlung die Schranken der eigenen Persönlichkeit zu überwinden und sich die Möglichkeit einer sich schöpferisch entladenden inneren Dynamik. Erhalten hat sich dieser vorchristliche Brauch auch in anderen Ländern. So ziehen z.B. in Norwegen noch heute die "Jolesveinar", junge Burschen in Tierpelzen, durch die Dörfer und treiben allerlei Unsinn. Sie werden daher auch "julbukk" oder "julgeit" genannt.

Perchten
Haber
Rau

goaß wuggl

Der Maskenbau

Ein Baumstamm wird halbiert und die Ansichtsseite geschnitzt. Das Aussehen der Maske entsteht erst während der Arbeit, es gibt keinen Entwurf.

Jetzt wird die Masken-Hohlseite der Gesichtsform des Trägers angepaßt. Nach Fertigstellung erfolgt die Bemalung mit Naturfarben und zum Schluß werden die Masken mit Fellen, Pferdehaaren und auch Hörnern bestückt.

Der Fackelbrand von Schweina

Weit über das Land reicht der helle Schein. Es ist, als würde die ganze Kuppe brennen, die höchste weit und breit. Das lodernde Feuer – oder sind es mehrere? - zieht mich fast magisch an, ich steige den ersten Hügel hinauf. Im fahlen Glanz der Flammen erkenne ich einzelne Bäume, Felsen und Menschen - viele Menschen, die sich in dieser weihnachtlichen Nacht auf dem Berg versammelt haben und gebannt in die Flammen blicken.

Und tatsächlich: es sind mehrere Feuer, mindestens ein Dutzend, die gen Himmel züngeln. Beim Näherkommen fällt mir die seltsame Form der Feuer auf. Wie Zigarren ragen sie nach oben, lang und schmal, gewiß zehn Meter hoch, und jede brennt ein wenig anders. Unwillkürlich werde ich an mittelalterliche Scheiterhaufen erinnert, eine bizarre, fast unwirkliche Szenerie. Das Wechselspiel von Licht und Schatten verstärkt die Wirkung. Erst als die Feuer fast herabgebrannt sind, löst sich die Spannung ein wenig, Gespräche setzen ein, Speisen und Getränke werden gereicht. Nach und nach löst sich die Gesellschaft auf, und die Leute beginnen den Heimweg den Berg hinab zurück in ihr Dorf. Ich sammele meine Sinne und beginne, die Eindrücke zu ordnen. Genau fünfzehn der gewaltigen Fackeln stehen dicht an dicht. An die 3.000 Zuschauer müssen es sein, die sich hier versammelt haben. Wir befinden uns auf dem Antoniusberg nahe Schweina im Thüringer Wald. Hier - und nur hier - hat diese besondere Form des Julfeuers zur Wintersonnenwende, der „Fackelbrand", wie die Einheimischen sagen, Jahrhunderte überdauert. Bisher sei noch kein Jahr vergangen, in dem der Fackelbrand ausgefallen ist.

Der Antoniusberg, wie er heute heißt, war bereits in der Steinzeit eine heidnische Kultstätte, lange bevor die Menschen der Gegend zum Christentum bekehrt und der Ortsname Schweina urkundlich gemacht wurden. Interessant auch die Frage nach der Zahl der Fackeln - mit einer einfachen Auflösung: Fünfzehn ortsansässige Vereine haben in diesem Jahr je eine Fackel beigesteuert, die in den Tagen zuvor kunstvoll aus Reisigholz hergestellt wurde, Schicht um Schicht um einen entasteten Baumstamm geflochten. Natürlich ist jeder Verantwortliche darauf bedacht, daß die von ihm gefertigte Fackel möglichst gut und lange brennt.

Trotz aller Profanität am Rande - Würstchen, Glühwein und Musik aus dem Lautsprecher - sind die Antoniusfeuer in Schweina ein urwüchsiges Erlebnis. Hautnah ist der Geist vergangener Zeiten zu spüren, eine natürliche Weltschau, die auch heute nichts von ihrer Gültigkeit verloren hat.

fackelbrand

Schwerttanz

sieg des frühlings

aufmarsch

kappelmachen

Der kultische Sinn des Tanzes liegt in einer Art Bewegungs- und Vegetations-magie, die sich auf die tänzerischen Darstellungen des Sonnenlaufes und der Sexualität ausweitet. Der rituelle Charakter des Tanzes verbindet sich je nach Jahreszeit mit der Pflege und der Fruchtbarkeit des Bodens und der Pflanzenwelt, mit der Beschwörung menschlicher Erotik und Zeugungskraft, mit den kosmi-schen Konstellationen oder mit der Kraft der ekstatischen Besessenheit. Manche Tänze wie z.B. Maskentänze und Perchtenlaufen stützen sich auf totemistische Elemente. Der Tänzer, besonders der ekstatische Tänzer, füllt sich im Tanz mit *mana* und entrückt dem alltäglichen Bereich. Seine Welt ist von nun an die Welt der Magie, der Göttlichkeit und des Rituals.

ÜBER DEN WINTER

Im Baumkult umtanzt die Kultgemeinschaft die besonders verehrten Bäume (im Brauchtum die Dorflinde), frisch Verheiratete tanzen dreimal singend um ihren rituell gepflanzten Lebensbaum, die Anregung der Fruchtbarkeit der Obst-bäume geschieht in der Julzeit durch tänzerische Umwandlung. Die Rituale der großen Jahresfeuer sehen das Umtanzen des Feuerstoßes vor, weitere Tänze sind die Maibaumreigen und die Kreistänze um den Julbaum, sowie das Umtanzen der letzten Garbe bei Erntedank. Im Totenkult verabschiedet ein würdiges, ange-messenes Umschreiten den Toten.

Schlußfigur auf dem Stadtplatz von Traunstein. Jedes Jahr zu Ostern wird hier im Rahmen des Georgi-Rittes ein Schwerttanz in mittelalterlichen Kostümen aufgeführt.

109

feierlich ziehen die
schwerttänzer
auf den plan
als die erlesenen
vertreter einer
kultgemeinschaft,
um durch rhythmisches
tanzen und springen,
durch wohlklingende
musik und begeisterten
jubel den frühling
anzulocken und zu
gewinnen, auf dass er
den winter besiege.

die kraftstrotzenden
kampfbilder des tanzes,
die grünen kränze
auf den häuptern
der schwerttänzer und
die blumensträussl
auf den schwertspitzen
sollen frohboten
des frühlings sein.

wetzen

frühlingskraft

kettengang

Tanzfigur: Die große Mühle - die Narren (die Winterdämonen) sind gefangen

und lebensfreude

Der Schwerttanz von Traunstein

Der Schwerttanz steht in der Tradition der initiatischen, kriegerischen und vegetationsmagischen Männertänze. Aus dem antiken Griechenland wissen wir von den Thrakern, den Kureten und den Spartanern, daß sie solche Tänze pflegten. Tacitus erzählt in seiner Germania von einem Tanz nackter Jünglinge zwischen Schwertern und Speeren.

Die Schwerttänze des Mittelalters weisen starke Parallelen zu Initiationsriten und zur Symbolik von Tod und Wiedergeburt auf und teilen die Tänzer auf in Mannschaft, König/Held und Narr. Der Tanz endet mit der symbolischen Tötung des Narren und seiner anschließenden Wiedergeburt. Der oder die Narren symbolisieren dabei die Winterdämonen, die durch die Kräfte des Frühlings (die Tänzer und ihr Held) besiegt werden.

schwert-
kreuzen

schwertsprunG

Aus der Tanzfigur der *Mühle* bildet sich der Höhepunkt und das Ziel des ganzen Tanzspieles, der sogenannte *Stern*, auch *Rose* genannt: Auf dem Rücken der eingefangenen Narren werden die Schwerter zusammengeflochten, der Vortänzer springt darauf und wird als siegreicher Frühlingsheld über dem unterjochten *Winter* emporgehoben, im Jubel der Schwerttänzer und der Zuschauermenge, die mit heller Freude und Begeisterung dieser schönsten und schwierigsten Figur des Tanzes ihre Bewunderung zollt.

Aber der Narr, als der Dämonenbesessene, als der in Ekstase stehende Mann, führt auch deutlich zu den kultischen Männerbünden. Der Narr ist das verneinende Prinzip. Er ist das Sinnbild des Unsinns gegen den Sinn, das Sinnbild der Unordnung wider die Ordnung, in ihm zeigt sich der Hohn wider den Ernst, bewußte und absichtliche Verflachung gegenüber ringender Gestaltung. Der Unfug des Narren symbolisiert ebenso das Lebensprinzip der konstruktiven Kritik und des Hinterfragens festgefahrener Strukturen mit dem Mittel der Ironie und des Mutterwitzes.

doppelte
BRÜCKE

SCHWERTSPRUNG

RADSCHLAGEN

schnecke

ROSE

ABGANGSGRUSS

113

geboren aus dem wechselspiel

von wärme und kälte,

fliessen und wehen,

im werden vergehend.

japanischer geht es nicht.

Winterfeuer in Japan

Das Feuerfest von Nozawa Onsen

Eine Gruppe von Männern stürmt mit Fackeln in der Hand den Hügel hinauf in Richtung des Holzstoßes, der dort aufgebaut ist. Es ist Mitte Januar, irgendwo in Japan, beißender Frost beherrscht die Nacht. Trotzdem sind die Männer leicht gekleidet, weiße Hemden, Tücher, Leinhosen – keine Jacken, Mützen und Handschuhe wie die zahlreichen Zuschauer, die den Anstieg säumen. Die Fackelträger wirken ungestüm und ekstatisch, die Kälte scheint ihnen nichts auszumachen. Ihr Gebrüll wird nur noch von Dutzenden von Trommeln übertönt, deren pulsierender Rhythmus allgegenwärtig scheint.

Kurz vor dem Ziel wird die Schar von einer zahlenmäßig ebenbürtigen Gruppe abgefangen - jüngere Männer, fest entschlossen, das Entzünden des Holzstoßes zu verhindern. Es entbrennt ein wildes Gefecht, tumultartige Szenen spielen sich ab. Ohne Rücksicht auf Leib und Leben prügeln die Kämpfer aufeinander ein, schlagen und stoßen mit den Fackeln, teilen Fausthiebe und Fußtritte in alle Richtungen aus - auch die Zuschauer bleiben nicht ungeschoren. Es ist ein infernalisches Szenario, an Wildheit kaum zu überbieten.

unstet huschte der schein des nahen feuers über die trommler. als einer sich trotz der eisigen kälte das hemd vom leib riss, sah ich, dass ihm der schweiss in bächen über brust und rücken floss

Irgendwann passiert das Unvermeidliche: die Angreifer gewinnen die Oberhand, und schließlich brennt der Holzstoß lichterloh. Kämpfer und Zuschauer halten schlagartig inne, starren wie gebannt in die Flammen, die schnell mehr als zwanzig Meter hoch in den Nachthimmel züngeln. Die Hitze brennt auf den Gesichtern der Umstehenden, die nur langsam zurückweichen. Verletzte werden vom Platz getragen, ein Raunen und Gemurmel geht durch die Menge.

und im reinigenden feuer des zusammenstürzenden schreins würde sich die gottheit offenbaren.

Das Feuer verbrennt das Alte und macht dem Neuen Platz. Eindeutig sind die Parallelen zu den heidnischen und sonnenmagischen Kulten rings um den Globus. Sonnenrad und Jahreskreis sind die Sinngeber der shintoistischen Rituale. Odins wildes Heer scheint gegenwärtig, wenn man die japanischen Krieger sieht. Es geht um reiche Ernten, und es geht um die Gesundheit der Familien. Kollektiv ist der flehende Ruf nach der jungen Sonne, nach Erneuerung. Vorher steht das große Aufräumen am Jahresende, die Reinigung der Menschen von ihren schädlichen Einflüssen, weggebrannt im Feuerritual. So wird der Weg bereitet für die Transformation zu Neuem, zu Besserem.

blut floss,
feuer frass sich in haut,
gleichzeitig biss die kälte zu.
das war inspiriertes, heiliges wüten,
dessen unvermitteltheit und
rücksichtslosigkeit eine
elementare kraft ausstrahlte,

Brauchen wir heute überhaupt noch Religion?

Eines der Urmuster des Menschen ist seine angeborene Spiritualität. Jeder Mensch fragt nach dem Woher und Warum, jeder Mensch sucht Ordnung in einer höheren Macht - unabhängig von Erziehung und Umwelteinfluß. Glaube und Religion sowie deren Ritualisierung und Personifizierung sind Archetypen, die der Mensch zu jeder Zeit, an jedem Ort neu *erfinden* wird - wenn auch immer wieder in anderen Formen. Nur die Art der Religion variiert aufgrund von Umwelt und Zufällen, treibt mitunter skurrile Blüten.

Was aber ist der Vorteil des Glaubens, warum wurde er dem Menschen bereits zu Urzeiten in die Wiege gelegt? Wir beobachten die psycho-hygienische Wirkung auf das Individuum: Glaube verschafft Sicherheit, die Grundvoraussetzung zur Meisterung neuer Situationen. Eigene Ängste und Unzulänglichkeiten, versinnbildlicht als Teufel oder Dämonen, werden symbolisch bekämpft und besiegt. Das alte Wort "frommen" bedeutet "nützen" - wer fromm ist, ist also zunächst einmal auf seinen persönlichen Vorteil bedacht. Vordergründige Egoismen allerdings, die dem Einzelnen scheinbar zwar kurzfristig nützen, der Art aber langfristig schaden, werden durch den Glauben eingeschränkt. *"Du sollst nicht stehlen"* oder *"Du sollst nicht töten"* sind Teil einer biologisch begründeten Ethik, die nicht nur gelernt, sondern von den meisten Menschen tief empfunden wird. Ethische Gebote und Verhaltensregeln machen den Menschen als Sozialwesen leistungsfähiger, mehr als es per Gesetz oder unter Androhung von Strafe möglich wäre. Religiosität ist - unabhängig von ihrem Wahrheitsgehalt - sinnstiftend. Sie festigt Gemeinschaften, spendet Einzelnen Trost und Halt, ver-

... so ihr spielet und

tröstet auch wirkungsvoll bei offenen Fragen und hilft, sinnvolle Erfahrung allgemein-verbindlich zu machen. Der Mensch ist - zu seinem Vorteil - von Grund auf spirituell angelegt und damit über die Vernunft hinaus an biologische Gebote gebunden.

Religion fällt also nicht "*vom Himmel*", sondern entsteht notwendigerweise nach immer denselben Mustern: Sonnenlauf, Jahreskreis, Lichtgestalten, Kampf gegen das Böse usw. Wir suchen Bilder und Metaphern, um dem Faszinosum Natur gerecht zu werden. Symbole fangen etwas Wesentliches ein und drücken es gleichnishaft aus. Das religiöse Brauchtum aller Völker und Zeiten beschäftigt sich mit dem Wohl und Wehe des Menschen im Jahreslauf der Natur. Zentrale Elemente sind das *wirklich Wichtige* im Leben: Ernte, Fruchtbarkeit, Gesundheit, Familie. Der größte Teil unseres Brauchtums hat seinen Ursprung in Zeiten, in denen der Mensch noch eine sehr enge Verbindung mit der Natur besaß und ungleich stärker als heute in ihren Jahreslauf eingeschlossen war.

Die enge Verbindung mit der Natur ist uns zivilisierten Menschen größtenteils verloren gegangen und damit auch das Eingebettetsein in die natürlichen, kosmischen Abläufe. Wir haben einseitig unseren Intellekt entwickelt und dabei unsere Psyche, unsere Intuition vernachlässigt. Wenn wir heute entdecken, daß z.B. die Schöpfungsgeschichte der altnordischen Edda die Entstehung der Welt in einer symbolischen Art und Weise schildert, die dem neusten Stand naturwissenschaftlicher Erkenntnis entspricht, können wir dann von der Hand weisen, daß die frühen Kulturen vieles davon vielleicht in einer bildhaften Innenschau erkannt und mit ihren Mitteln - wie unsere heutigen Volksbräuche und -mythen - ausgedrückt haben!

werdet wie die kinder ...

Was veranlaßt uns, an alten Bräuchen festzuhalten, obwohl uns deren ursprünglicher Sinn nicht mehr klar ist? Tun wir es nur aus Gewohnheit, oder weil wir vielleicht mit dem verbunden sind, was C.G. Jung das *"kollektive Unbewußte"* nennt? Das Brauchtum enthält die gesammelte Erfahrung unserer Vorfahren und sollte nicht achtlos beiseite geschoben werden. Auch Wildheit und Ekstase im Verlauf des Festes haben ihren Sinn, denn hier wird eine Menge Müll über Bord geworfen. Im - ekstatischen - Ritual steigt der Mensch in die Abgründe seiner eigenen Psyche hinab, konfrontiert sich mit seinen Schattenseiten, den verdrängten und unbewußten Aspekten, und transformiert sie positiv. Durch das feine Hineinlauschen z.B. in die einzelnen Jahreskreisrituale können wir manchen Hinweis auf das Geschehen im nächsten Jahr empfangen und gedanklich Einfluß nehmen sowie unsere eigene Einstellung prägen. Selbstverständlich wächst nicht der *Weizen* höher, weil wir einen Ährenkranz ins Feuer schleudern, aber vielleicht wächst er höher, weil wir uns danach gut gelaunt, befreit und motiviert an die Arbeit begeben und diese so liebevoller und effektiver verrichten als vorher.

Diese schöne Möglichkeit sollte man wahrnehmen, ohne von der vermeintlich hohen Warte der Vernunft hinab das Bodenständige und Mythische zu bagatellisieren. Der Verstand sollte nicht das einzige Mittel sein, die Welt zu erfahren. Niemand kann gegen die Natur leben und zugleich nachhaltig *richtige* Gedanken produzieren. Auch Ruhe, Kraft und Selbstfindung sind vor allem auch das Ergebnis von Loslassen, Eins-Werden mit der Natur im spielerischen Ritual, z.B. in der Ausgestaltung des Jahreszeitgeschehens. Dazu gehören auch Feier, Tanz und Ausgelassenheit. Schiller sah die Weisheit *"so Ihr spielet und werdet wie die Kinder...".* Wer das Rituelle meidet, verdrängt, mit angeblicher Rationalität verdeckt, der leidet still und unbewußt. Eine ganzheitliche und naturnahe Sicht *bekommt* uns Menschen besser, viele Probleme werden dadurch von selber entschärft oder treten erst gar nicht auf. Manche Idee, die hinter dem sichtbaren Ausdrucks des Symbols liegt, wartet nur darauf, wieder ins Bewußtsein gehoben zu werden. Kritischer Verstand und Intuition müssen sich dabei bestens ergänzen.

Weihnachten im Lauf der Geschichte

Religion fußt auf der Beobachtung der Natur, sie allein zeichnet verantwortlich für die verschiedenen Festtermine im Laufe des Jahres. Weihnachten hat sich vor allem auf der nördlichen Erdhalbkugel als das wichtigste Fest herauskristallisiert. Die Wurzeln der Weihnachtsbräuche reichen weit in die vorchristliche Zeit zurück. Wie aber kommt es, daß dies heute fast in Vergessenheit geraten ist?

Wie wir wissen, ist Religion als Teil der Kultur - die vierte Wachstumsphase der Sonne - stets biologisch und regional beeinflußt. Religion ist abhängig von den spezifischen Denkstrukturen und Mentalitäten der Völker, diese wiederum werden von Vererbung, Überlieferung, konkreter geschichtlicher Erfahrung und den geographisch-klimatischen Bedingungen in ihrem angestammten Lebensraum geprägt. Alles steht in dauernder Wechselwirkung und wird von Zufällen und Änderungen überlagert.

Speziell der vordere Orient weist völlig andere Verhältnisse auf, als wir sie hier vorfinden: Den Wüstenvölkern des Morgenlandes ist der Licht- und Naturmythos der Nordleute unbekannt. Die Wiederkehr der Sonne hat für sie nicht dieselbe Bedeutung wie in den kalten Ländern - schließlich versengt die Sonnenglut ihr Land und verdörrt ihre Früchte. Hitze und Trockenheit erlegt den Menschen in Vorderasien noch heute einen strengen Überlebenskampf auf.

Dies alles prägt von jeher die orientalische Mentalität. Die Sinnsuche der Menschen galt eher der *"Erlösung"*, da ihnen die Erde ja als *"ewiges Jammertal"*, als Mühe und Plage erscheinen mußte. Eine bedrohliche Umwelt galt es, *"untertan"* zu machen. *"Furcht vor euch und Schrecken sei bei allen Erdentieren, bei allen Himmelsvögeln, bei allem, was auf dem Erdboden kriecht, und bei allen Fischen des Meeres, in eure Hand sind sie gegeben!"* (1. Mose 9,2). Das Gottbild wandelte sich über die als feindlich empfundene Natur hin zu der gedanklichen Konstruktion eines paradiesischen Jenseits' außerhalb derselben. Eine tröstend angenommene unvergängliche persönliche Seele bildete den Mittelpunkt des Glaubens, das *"sündenhafte"* Fleisch galt es zu überwinden.

Derartige Lehren fanden rasch Zulauf. Die Offenbarungsreligion stellt sich außerhalb von Logik und Vernunft, ist daher nicht zu beweisen, aber auch nicht zu widerlegen. Die Hoffnung auf Hilfe *von oben* mildert den Druck der persönlichen Verantwortung - bis hin zur vollkommenen Gott-Ergebenheit und Schicksalsgläubigkeit, wie wir sie z.B. bei Moslems häufig beobachten können. Der Hang der Menschen zur Transzendenz, ihr Wunschdenken und ihre Bequemlichkeit wird ausgenutzt. Parallel erlauben die Dogmen - Himmel und Hölle, Strafe und Erlösung, Jüngstes Gericht, Erbsünde oder die Gleichheit der Menschen - ein hohes Maß an Kontrolle, Steuerung und Disziplinierung. Solche Religion ist naturgemäß viel anfälliger gegen Fanatismus und Mißbrauch. Die irregeführten und aufgepeitschten Massen sind zu den scheußlichsten Greueltaten fähig. Christen führten von den ersten Jahrhunderten bis in die Gegenwart *christliche Kreuzzüge* - Vernichtungskriege - nicht nur zur *Bekehrung* Andersdenkender, sondern auch aus politischen Interessen. Der Vietnamkrieg und der Krieg gegen den Irak wurden in den USA ausdrücklich als "Kreuzzüge "bezeichnet. Dresden und Hiroshima sind weitere Beispiele. Auch der Islam kennt den „heiligen Krieg", mit dem die „Ungläubigen" überzogen werden dürfen. In der Bibel ist fortlaufend die Rede von der Beseitigung „ungläubiger Gojim". König David tötete zu diesem Zweck auch die Greise, Frauen und Kinder, legte sie *"unter eiserne Sägen und Zacken und eiserne Keile und verbrannte sie in Ziegelöfen"(*2.Sam 12.31, Lutherbibel von 1912).

Das militante Missionsverhalten der auf Offenbarungsreligionen basierenden Kirchen und Institutionen ist offensichtlich. So wurden zahllose Völker zwangsweise christlich bekehrt, ihre jahrtausendealten eigenen Kulturen ausgelöscht, aktuelle Beispiele sind Papua-Neuguinea und Polynesien. Auch die Christianisierung Europas ist eine lange Geschichte von Grausamkeiten. Die Priester der heidnischen Religion wurden brutal verfolgt. Kräuterfrauen und Priesterinnen wurden zu Hexen dämonisiert. Noch Jahrhunderte später loderten in Europa die Scheiterhaufen der Hexen-, Ketzer- und Bücherverbrennungen, zahllose Menschen wurden um Haus, Hof und Heimat gebracht. Im vierten Jahrhundert gelang es der christlichen Lehre, zur beherrschenden Religion Roms zu werden. In der Folgezeit begann die Missionierung Mittel-, Nord- und Osteuropas.

Die heidnischen Sitten und Bräuche aber lebten fast unverändert weiter und trotzten hartnäckig allen Abschaffungsversuchen. Als Bonifatius im Jahr 723 die Donareiche fällte, hatte sich an der Lebensweise der Hessen praktisch noch nichts geändert. So begann die Kirche immer dann, wenn die Bevölkerung allzu hartnäckig an ihren alten Gebräuchen festhielt, das Brauchtum umzudeuten, um es dem christlichen Glauben anzupassen. Papst Gregor II. (715 bis 731) schrieb an den später heilig gesprochenen Bonifatius: "*Es muß jedes Fest zu Ehren ihrer Götter in ein anderes umgeformt werden ... in Feste der heiligen Märtyrer*". Gleichzeitig begann man, die eigenen Kirchen und Bauwerke an den vorher vernichteten alten Kultstätten zu errichten, um die Gewohnheiten der Menschen entsprechend zu adaptieren. Die heidnischen Gottheiten versuchte man, ins Lächerliche zu ziehen, würdigte sie zu grotesken Torwächtern herab oder ließ sie Kanzeln und Taufsteine tragen. Noch heute sind in vielen romanischen Kirchen steinerne Figuren von Heidengöttern mit all ihren charakteristischen Symbolen als "gebannte Dämonen" zu sehen. Auch die Bräuche und Feiertage wurden auf diese Weise übernommen. Ostern, Kindstaufe, Hochzeiten, Begräbnisse usw. sind allesamt keine christlichen *Erfindungen*, sondern wurden schon lange zuvor zelebriert, z.T. sogar mit denselben Ritualen wie heute in der Kirche.

Weihnachten ist das höchste heidnische Fest und deshalb besonders hartnäckigen Nachstellungen von christlicher Seite ausgesetzt. Verschiedene Konzilienbeschlüsse und Kirchenerlasse im ersten Jahrtausend verbieten immer wieder das Aufstellen von Weihnachtsbäumen als typischem Bestandteil des natur-religiösen, anti-christlichen Baumkultes. Besonders erwähnt wird, man dürfe *"kein Licht an Bäume setzen"*. Im Jahr 354 wurde der Geburtstag Jesu auf den 25. Dezember festgelegt, also in die Nähe der Wintersonnenwende, um heidnische Kulte wie *Mithras* und *Sol Invictus* zu bekämpfen. Wenige Jahre zuvor hatte die Kirche jegliche Spekulation über das exakte Geburtsdatum von Jesus noch bei Strafe als Gotteslästerung verboten. Auch das Neujahrsfest ("Beschneidung des Herrn") wurde per Dekret im Jahre 813 auf den 1. Januar gelegt. Aus dem Jahr 580 ist ein kirchliches Verbot überliefert, *"mit dem Grün der Bäume die Häuser zu umgeben oder zu bekränzen"*. Später wurde untersagt, *"Tannenbäume abzuhauen"* bzw. *"herauszuputzen"*. Im Jahre 640 verordnete der Bischof von Noyon, daß niemand mehr *"die Scheußlichkeit besitzen solle, Kälbli, Haselein oder andere Teigwaren anzufertigen"*; auch von *"Götzenbildern aus geweihtem Mehl und süßem hefelosen Teig"* (=> Weihnachtsgebäck) ist die Rede. St. Pirmin sagte in einer Predigt: *"wer sich in die Felle der Haustiere vermummt oder Tierköpfe aufsetzt"* (=> Perchtenlaufen), der soll *"drei Jahre Buße tun, weil der dämonisch ist"*. Noch im Jahre 1508 wetterte ein Geistlicher im elsässischen Kaysersberg gegen die Unsitte, *"Tannreis in die Stube zu legen und einander*

Gaben zu schenken. Später dann, als klar wurde, daß es nicht gelingen würde, den heidnischen Weihnachtsbrauch und -glauben auszurotten, wurde versucht, ihn in das christliche Gedankengut einzubeziehen. Aus dem "Lichter- bzw. Weihnachtsbaum" wurde der "Christbaum", aus dem "Weihnachtsfest" das "Christfest". Der Baum wurde mit Engeln und Hostien behängt, seine Sterne umgedeutet usw. Dennoch blieb allein die Tatsache, daß es ein Baum war, den Kirchenoberen bis heute ein Dorn im Auge. Selbst 1935 sprach der "Osservatore Romano", das amtliche Blatt des Vatikans noch von der *"heidnischen Mode des Weihnachtsbaumes"* als einem *"Überbleibsel alter Naturgebräuche..."*

Obwohl die meisten Belege vernichtet wurden oder seit langem in den Archiven des Vatikans dem öffentlichen Zugriff entzogen sind, ließe sich diese Liste endlos erweitern. Das christliche Prinzip heißt nach wie vor: Es wird assimiliert, was nicht abgeschafft werden kann.

Heidnische Natur-Religionen dagegen, wie z.B. die der Indianer, der Afrikaner aber auch der Alten Europäer werden gelebt und getragen ausschließlich von den Völkern in ihren angestammten Gebieten und stehen daher auch nur diesen zur Verfügung. Natürliche Religion kann man nicht auswählen wie ein Parteibuch, sie ist bereits mit der Geburt stark vorherbestimmt - dies ist nur eben nicht jedem bewußt. Der Mensch ist nicht so frei, wie es den Anschein haben kann. Es ist äußerst fragwürdig, natürliche Vorgaben ohne Not aufheben zu wollen - niemand kann sich ungestraft der schrankenlosen Beliebigkeit hingeben. Was nicht heißt, daß man die eigenen Möglichkeiten nicht mehr oder weniger ausformen könnte, der Rahmen aber ist unveränderlich gegeben. Körper und Geist sind eine untrennbare Einheit, und damit haben auch Charakter und Einstellungen eine starke angeborene Komponente. Die sprichwörtliche Mentalität und die typischen Eigenschaften der Völker nur Erziehungs- und momentanen Umwelteinflüssen zuschreiben zu wollen, ist Unsinn. So besitzen die unterschiedlichen Menschentypen auch eine unterschiedliche Disposition bezüglich Spiritualität und Religion. Nachhaltige - genetische - Veränderungen sind nur über sehr lange Zeiträume möglich. Die Vorstellung, sich quasi durch bloßes Nachdenken für den einen oder anderen Glauben entscheiden zu können, ist absurd - dies *funktioniert* tatsächlich nur mit *erfundenen*, von der biologischen Realität abgelösten Religionen.

Heidnische Religion ist nicht aggressiv, sie missioniert nicht, sondern achtet und respektiert den fremden Glauben als Ausdruck *anderen Menschseins*, solange er nicht bedrohlich wird. Die verschiedenen Naturreligionen beanspruchen keine *absoluten Wahrheiten*, sie unterscheiden sich in den jahreszeitlich und auf die heimische Flora und Fauna bezogenen Ritualen. Alle folgen aber dem Muster des Eingebundenseins in die Natur. Heidnische Götter sind weniger als *Personen* aufzufassen, sondern mehr als Archetypen. *„Wir haben keinen Herrn, wir sind Herren!"* - diesen stolzen Satz rief vor tausend Jahren bei der Belagerung von Paris ein Wikinger dem Abgesandten des französischen Königs zu, als dieser die Belagerer fragte, wer denn ihr Herr sei. Während der Monotheist vor der vernichtenden Majestät des ewig unnahbaren Gottes erzitterte, sieht der Heide mit freudigem Schauer von überall her Göttliches nahen. Heidentum ist also niemals atheistisch, sondern das ganze Gegenteil davon. Vielmehr erscheint es dem Heiden geradezu als Gotteslästerung, in eine Kirche zu gehen.

Kardinal Ratzinger bringt es in seinem Hauptwerk "Das Salz der Erde" wörtlich wie folgt auf den Punkt: *"Die Vergöttlichung des Kosmos richtet sich gegen das Christentum. Der Glaube an die Mutter Erde ist unvereinbar mit dem Glauben an den biblischen Gott".*

Dem schließen sich die Autoren uneingeschränkt an.

Danksagung

Dieses Buch wäre nicht entstanden ohne die Vorarbeit vieler Menschen, die Ihre Gedanken zum Thema beitrugen - in ihren Schriften, durch ihre Arbeit, durch ihre Fotos, aber auch in der Diskussion oder einfach durch gutes Vorbild. Stellvertretend sollen genannt werden Sepp Schmalhofer, Gerhard Hiemer, Michael Damböck, Friedrich Schöll, Iso Karrer, Wolfgang Spielhagen, Otto Huth, Sabine Gebhardt-Herzberg, Karl Wipf, Lu Lörler, Arno Reissenweber, die Zeitschrift Hagal/Dresden, Richard Wolfram und Peter Bahn. Besonderer Dank gilt Dieter Vollmer, dessen „Sonnenspiegel" nach wie vor ein reicher Quell an Information und Inspiration ist, Helge Folkerts, die ihr großes Wissen vor allem um die Jahreskreisfeste sowie ihr reiches Archiv uneigennützig zur Verfügung stellte, und Karlheinz Baumgartl, aus dessen Feder unablässig weltanschauliche Schriften sprudeln.

Bei allen Nichtgenannten möchten wir uns vorsorglich entschuldigen. Genauso für den „laxen" Umgang mit den Quellen, aber eine kühle wissenschaftliche Zitierweise würde dem Charakter dieses Werks zuwider laufen.

Untrennbar mit dem Gelingen des Projekts verbunden waren auch unsere beiden Frauen, ohne deren Liebe und sanfte Führung unsere kreativen Fähigkeiten und unsere Spiritualität wahrscheinlich nie zur Entfaltung gekommen wären. So haben diese beiden stolzen Mütter nicht nur in Summe acht Kinder geboren, sondern auch uns ans Licht der Welt gebracht.

Ganz sicher hat sich auch der ein- oder andere Fehler eingeschlichen - der werte Leser möge gelassen darüber hinwegsehen, genauso über Aussagen, die seiner Einstellung zuwider laufen. Sind wir dem Anspruch, Rationalität und Intuition zu verbinden, Information und Emotion zu vermitteln, gerecht geworden? Vielleicht ergibt sich ja in der Gesamtschau der Dinge ein neuer Zugang auch zu dem bisher scheinbar Eindeutigen.

Edition Björn Ulbrich

Das vorliegende Buch ist Band 1 der *Edition Björn Ulbrich*, einer Ratgeber- und Nachschlagebibliothek für modernes naturreligiöses Leben, in der in loser Reihenfolge Bücher, Videos und CD's erscheinen. Diese Themen sind geplant:

- Feuersprung und Räderrollen. Die frohen Tage der Sommersonnenwende.
- Der Götterwinkel. Hausaltäre, heilige Schreine und Ahnennischen.
- Die Farben der Ekstase. Bodypainting, Tattoo, Piercing, Scaring, Branding und Masken im Ritual.

Sie können sich daran beteiligen, indem Sie:
- Uns Fotos und kleinere Texte über verschiedene Rituale zur Verfügung stellen, die wir in bestehende oder neue Projekte einbauen können.
- Genug Material für ein eigenes Büchlein gesammelt haben.
- Uns Kontakte zu interessanten Personen vermitteln.
- Uns einfach Ihre Meinung zu dem vorliegenden Büchlein sagen.

Bereits erschienen:
- Helge Folkerts: Symbol-Gebäck. Für Körper, Geist und Seele im Rad des Jahres und des Lebens.
- Helge Folkerts: Frauenkreise. Feste, Feiern, Rituale - um die heilige Mitte.
- Björn Ulbrich/Holger Gerwin: Die Hohe Zeit. Rituale und Zeremonien für Hochzeit, Lebensbund und Familie.
- School of Lost Borders: Erwachsenwerden in der Wildnis. Visionssuche mit Jugendlichen. (VHS-Video)
- Voenix/Holger Gerwin: Der Jahreskreis. (vierfarbiges Poster)

Bezugsquelle
GAIA-Versand für Naturreligion, Schamanismus und Spirituelle Ökologie, Mühle im Hexengrund, D-07407 Engerda, Tel.: 036743-233-12, Fax: 036743-233-17, service@gaia-versand.de, www.gaia-versand.de. Farbkatalog kostenlos.

ARUN

ARUN-Verlag
Ortsstr. 28, D-07407 Engerda
Tel.: 036743-233-11
Fax: 036743-233-17
email: info@arun-verlag.de
Internet: www.arun-verlag.de.

Gerne senden wir Ihnen unseren Farbprospekt zu, der Sie über unsere anderen Titel informiert.

Aktuelle Titel:

• Voenix: **Weltenesche - Eschenwelten**. Das germanische Götterorakel und Nachschlagewerk. Ein ausführlicher Einblick in den mythischen Götterhimmel unserer Vorfahren. Ein nach esoterischen und psychologischen Gesichtspunkten erstelltes Profil der jeweiligen Gottheit vernetzt mythisches Gedankengut mit dem Wissen der Moderne. 456 Seiten, 81 s/w-Abb., Format 17 x 24 cm, Gebunden mit Schutzumschlag, vierfarbiger Legeplan, 68,00 DM.

• Voenix: **Das germanische Götterorakel**. Die Orakelkarten zum Buch „Weltenesche-Eschenwelten". 81 farbige Spielkarten, Beiheft (48 S.), 42,00 DM.

• Voenix: **Auf Wotans Pfaden**. Neues vom alten Wanderer. Neun abgeschlossene Kurzgeschichten über Schicksal und Liebe, Gier und Macht, Abenteuer und List, Rausch und Erotik. 208 Seiten, 30 Abb., Broschur, 29,80 DM.

• Vicky Gabriel: **Der alte Pfad**. Wege zur Natur in uns selbst. Ein Ratgeber für alle, die ihr Leben wieder den Rhythmen der Natur annähern wollen. 288 Seiten, 3 Abb., Broschur, 29,80 DM.

• Francoise Le Roux & Christian J. Guyonvarc´h: **Die Druiden**. Mythos, Magie und Wirklichkeit der Kelten. Die Autoren beschreiben das Leben der Druiden als Priester, Barden, Dichter, Seher, Richter und Architekten, sowie die rituellen und magischen Techniken, die Feste und Heiligtümer, den Glauben und die religiösen Vorstellungen. 3.Auflage! 600 Seiten, Broschur, 39,80 DM.

• Nigel Pennick & Prudence Jones: **Heidnisches Europa**. Dieses Standardwerk berichtet nicht nur über das Heidentum Griechenlands, Roms, der Kelten und Germanen, sondern es wirft auch den Blick auf die paganen Traditionen des Balkans, Rußlands und des Baltikums. 320 Seiten, 41 s/w-Abb., Gebunden mit Schutzumschlag, 49,80 DM.

• Aidan Meehan: **Celtic Design**. Die Praxisbuchreihe *Celtic Design* vermittelt dem Leser profunde Kenntnisse über den reichen Schatz keltischer Symbole und Motive. Gleichzeitig inspiriert es, eigene keltische Motive zu gestalten. Jeder Band 160 Seiten, ca. 400 s/w-Abbildungen, Broschur, 29,80 DM.

 •• **Handbuch für Einsteiger.**
 •• **Keltische Flechtmuster.**
 •• **Keltische Spiralmuster.**
 •• **Keltische Tiermuster.**
 •• **Keltische Buchstaben.**